D1319227

教材项目规划小组

严美华　　姜明宝　　王立峰
田小刚　　崔邦焱　　俞晓敏
赵国成　　宋永波　　郭　鹏

教材编写委员会

主　任：陶黎铭
副主任：陈光磊　　吴叔平
成　员：陈光磊　　高顺全　　陶黎铭
　　　　　吴金利　　吴叔平　　吴中伟

顾　问　Richard King
　　　　　Helen Xiaoyan Wu
　　　　　Robert Shanmu Chen

中国国家对外汉语教学领导小组办公室规划教材
Project of NOTCFL of the People's Republic of China

Dāngdài Zhōngwén

当 代 中 文

Contemporary Chinese

Kèběn
课 本

2

TEXTBOOK

Volume Two

主 编：吴中伟

编 者：吴中伟 吴叔平
　　　　高顺全 吴金利

翻 译：徐 蔚
　　　　Yvonne L. Walls　Jan W. Walls

译文审订：Jerry Schmidt

华语教学出版社
SINOLINGUA

First Edition   2003
Fifth Printing   2009

ISBN 978-7-80052-902-3
Copyright 2003 by Sinolingua
Published by Sinolingua
24 Baiwanzhuang Road, Beijing 100037, China
Tel: (86)10-68320585
Fax: (86)10-68326333
http://www.sinolingua.com.cn
E-mail: hyjx@sinolingua.com.cn
Printed by Beijing Foreign Languages Printing House
Distributed by China International
Book Trading Corporation
35 Chegongzhuang Xilu, P.O. Box 399
Beijing 100044, China

Printed in the People's Republic of China

To the Learner

Welcome to Contemporary Chinese!

Contemporary Chinese is a textbook designed for students whose native language is English. The ultimate goal of this book is to develop the student's ability to comprehend and communicate in the Chinese language. Specifically, it provides training in the skills of listening, speaking, reading, and writing Chinese.

The whole series consists of **four volumes**. You may work through the whole series or use only the volumes of your choice.

The following are to be used together with the **Textbook**:

◆ **Exercise Book**

◆ **Character Book** (only for Volumes One and Two)

◆ **Audio and video materials**

◆ **Teacher's Book**

This textbook:

★ **is concise, practical, authentic, and topical,**

★ **is adaptable to the varied needs of different students,**

★ **gives equal attention to listening, speaking, reading, and writing,**

★ **guides your learning step by step.**

After working through Volume Two, you should have a good command of **448 new Chinese words and expressions, 316 new Chinese characters, 27 new grammar items, and 44 new communicative function items**. Together with the 325 Chinese words and expressions, 244 Chinese characters, 22 grammar items, and 23 communicative function items in Volume One, you will feel much more free to communicate in Chinese now.

Chinese Grammar Terms

N.	noun	míngcí	名词
P.W.	place word	chùsuǒcí	处所词
T.W.	time word	shíjiāncí	时间词
L.W.	location word	fāngwèicí	方位词
Pron.	pronoun	dàicí	代词
Q.W.	question word	yíwèncí	疑问词
V.	verb	dòngcí	动词
D.V.	direction verb	qūxiàng dòngcí	趋向动词
Op.V	optative verb	néngyuàn dòngcí	能愿动词
Adj.	adjective	xíngróngcí	形容词
Num.	numeral	shùcí	数词
M.W.	measure word	liàngcí	量词
Adv.	adverb	fùcí	副词
Prep.	preposition	jiècí	介词
Conj.	conjunction	liáncí	连词
Part.	particle	zhùcí	助词
S.	subject	zhǔyǔ	主语
O.	object	bīnyǔ	宾语
Attrib.	attributive	dìngyǔ	定语
Comple.	complement	bǔyǔ	补语
Adverbial	adverbial	zhuàngyǔ	状语
Pred.	predicate	wèiyǔ	谓语
V.O.	verb plus object	dòngbīnshì líhécí	动宾式离合词

Mùlù

目 录

Contents

Stylistic Rules and Layout

1

地图	(N.)	dìtú	map	张	地圖
出租汽车		chūzū qìchē	taxi	辆	出租汽車

Both traditional and simplified characters are provided in the vocabulary and the text. Here "地图""出租汽车"are in the simplified form while "地圖" and "出租汽車" are in the traditional form.

张 is the measure word for "地图", for example 一张地图. (When the appropriate measure word is 个, it is not indicated.)

2

你说 [19] 英语 [20] 还是 [21] 说法语 [22]

The number to the upper right of a word in the text indicates the number of the word in the vocabulary list. A sentence printed in boldface indicates that it is one of the model sentences for the text. Model sentences appear at the beginning of each lesson.

3

Dīng Hànshēng   a
丁 汉生：是啊, 很可爱。

Proper names, interjections and most of the modal particles are provided with *pinyin* in the text, even when they do not appear in the vocabulary.

List of Characters

We have already met the following people in Volume One:

Bái Xiǎohóng
白小红, female,
Chinese

Wáng Yīng
王英, female,
Chinese-Canadian

Jiāng Shān
江山, male,
American

Mǎ Lì
马力, male,
Australian

Dīng Hànshēng
丁汉生, male,
Chinese, who was
sent to work here by
a Chinese company.

Jiékè，杰克，Jack，male，Canadian,who is an employee in an export company and often goes to China on business.

And one more, currently in the U.K.

Zhāng Yuányuan 张园园, female, English of Chinese origin, Jiang Shan's girlfriend, a student at the Eastern College in England.

Half a year later, Mǎ Lì (马力),Wáng Yīng(王英), and Zhāng Yuányuan (张园园) came to China to continue their Chinese language studies at a university. The students in the class come from several different countries:

Lǐqí (里奇), American male.

Tiánzhōng (田中),
Japanese female.

Jīn Róngnán(金容南),
South Korean female.

They soon got to know a group of Chinese friends：

Gāo Yīfēi (高一飞),
Chinese male, a university
graduate student,

Xiǎo Zhāng （小张），Chinese
female, a university undergraduate
student, Liqi's girlfriend,

Lǐ Xiǎoyǔ (李小雨), Chinese female, an employee of a joint-venture company, Ma Li's colleague and language partner, later married to Ma Li,

Chén Jìng (陈静), Chinese female, Jack's language partner.

Dì-yī Kè　Wǒ Yǐqián Yǎngguo Niǎor

第一课　我以前养过鸟儿

Lesson One　I've Raised Birds Before

Wǒ yǐqián yǎngguo huār.

● 我 以前 养过 花儿。

I've grown flowers before.

Yǐqián bùxíng xiànzài kěyǐ le.

● 以前 不行，现在 可以 了。

It was not permitted before, but now it is allowed.

Tīngshuō, nǐ yào qù Běijīng le?

● 听说， 你要 去 北京 了？

I heard that you're going to Beijing. Is it true?

Yàoshi nǐ xiǎng qù dehua, wǒ péi nǐ yìqǐ qù.

● 要是 你 想 去 的话，我 陪你一起去。

If you want to go, I can accompany you.

1. 老人家	(N.)	lǎorenjia	Sir/ Madam (for elderly people)	
2. 只	(M.W.)	zhī	(a measure word for birds, cats, little dogs, etc.)	隻
3. 狗	(N.)	gǒu	dog 条只	
4. 养	(V.)	yǎng	to raise (animals), grow (flowers), etc.	養
5. 过	(Part.)	guò		過
6. 花儿	(N.)	huār	flower	花兒
7. 鸟儿	(N.)	niǎor	bird 只	鳥兒
8. 但是	(Conj.)	dànshì	but	
9. 了	(Part.)	le		
10. 听说	(V.)	tīngshuō	it is said, to hear tell of something	聽説
11. 城市	(N.)	chéngshì	city	
12. 有的	(Pron.)	yǒude	some	
13. 猫	(N.)	māo	cat 只	
14. 动物	(N.)	dòngwù	animal	動物
15. 麻烦	(Adj. & V. & N.)	máfan	troublesome; (to) trouble	麻煩

16.时间	(N.)	shíjiān	time	時間
17.自己	(Pron.)	zìjǐ	oneself	

*   *   *   *   *

18.办	(V.)	bàn	to do	辦
19.对……熟悉		duì…shúxī	to be familiar with…	對……熟悉
对	(Prep.)	duì	to, with	對
熟悉	(V.)	shúxī	to be familiar with …	
20.些	(M.W.)	xiē		
这些		zhèxiē	these	這些
那些		nàxiē	those	
哪些		nǎxiē	which ones	
一些		yìxiē	some	
21.照片	(N.)	zhàopiàn	photo	张
22.登	(V.)	dēng	to climb (a mountain, a high top)	
23.不到长城非好汉		Bú dào Chángchéng fēi hǎohàn		

You're not a true man if you haven't conquered the Great Wall.

不到長城非好漢

非		fēi	not	
好汉	(N.)	hǎohàn	brave man, true man	好漢
24.别的	(Pron.)	biéde	other	

25.欢迎	(V.)	huānyíng	to welcome	歡迎
26.要是…的话		yàoshi…dehua	if	要是…的話
要是	(Conj.)	yàoshi	if	
…的话		dehua	if	…的話
27.陪	(V.)	péi	to accompany	
28.得	(Op.V.)	děi	to have to, must	
29.(飞)机票		(fēi) jī piào	plane ticket	(飛)機票
飞机	(N.)	fēijī	plane	飛機
票	(N.)	piào	ticket 张	

Supplementary Words

30.所以	(Conj.)	suǒyǐ	so, therefore
31.别人	(Pron.)	biérén	other people
32.拍照	(V.O.)	pāi zhào	take photos

Proper Names

33.故宫		Gùgōng	the Imperial Palace	
34.颐和园		Yíhéyuán	the Summer Palace	
35.长城		Chángchéng	the Great Wall	長城

36. 上海	Shànghǎi
37. 西安	Xī'ān
38. 成都	Chéngdū

课 文 Kèwén Text

(一)

(On the eastern shore of the Pacific Ocean, Jiang Shan and the others are still studying at a university. Their Chinese is getting better and better. Today Jiang Shan goes to see Ding Hansheng. Now he is chatting with Ding Hansheng's father.)

Jiāng Shān
江 山：老人家[1]，这只[2]小狗[3]真可爱。

老 人：是啊。我以前养[4]过[5]花儿[6]，养过鸟儿[7]，但是[8]不喜欢

养狗。来这儿以后，这儿的人都喜欢养狗，我也养狗了[9]。

Jiāng Shān
江 山：听说[10]在中国城市[11]里不能养狗，是吗？

老 人：以前不行，现在可以了。有的[12]人喜欢养狗，有的人

喜欢养猫[13]，有的人喜欢养鸟儿，还有的人喜欢养鱼……

你也喜欢养小动物[14]？

Jiāng Shān
江 山：我喜欢小动物，但是不养小动物。

老 人：为什么？是不是太麻烦[15]？

Jiāng Shān
江 山：不是。因为我没有时间[16]，也没有钱。我只能养我自己[17]。

Jiāng Shān
江 山：老人家[1]，這隻[2]小狗[3]真可愛。

老 人：是啊。我以前養[4]過[5]花兒[6]，養過鳥兒[7]，但是[8]不喜歡

養狗。來這兒以後，這兒的人都喜歡養狗，我也養狗了[9]。

Jiāng Shān
江 山：聽説[10]在中國城市[11]裏不能養狗，是嗎？

老 人：以前不行，現在可以了。有的[12]人喜歡養狗，有的人

喜歡養猫[13]，有的人喜歡養鳥兒，還有的人喜歡養魚……

likes and dislikes

你也喜歡養小動物[14]?

Jiāng Shān
江 山：我喜歡小動物，但是不養小動物。

老 人：爲什麽？是不是太麻煩[15]?

giving reasons

Jiāng Shān
江 山：不是。因爲我没有時間[16]，也没有錢。我只能養我自己[17]。

Pinyin Text

Jiāng Shān: Lǎorenjia, zhè zhī xiǎo gǒu zhēn kě'ài.

Lǎorén: Shì a. Wǒ yǐqián yǎngguo huār, yǎngguo niǎor, dànshì bù xǐhuan yǎng gǒu. Lái zhèr yǐhòu, zhèr de rén dōu xǐhuan yǎng gǒu, wǒ yě yǎng gǒu le.

Jiāng Shān: Tīngshuō zài Zhōngguó chéngshì li bù néng yǎng gǒu, shì ma?

Lǎorén: Yǐ qián bùxíng, xiàn zài kěyǐ le. Yǒude rén xǐhuan yǎng gǒu， yǒude rén xǐhuan yǎng māo， yǒude rén xǐhuan yǎng niǎor， hái yǒude rén xǐhuan yǎng yú ⋯ Nǐ yě xǐhuan yǎng xiǎo dòngwù?

Jiāng Shān: Wǒ xǐhuan xiǎo dòngwù, dànshì bù yǎng xiǎo dòngwù.

Lǎorén: Wèi shénme? Shì bu shì tài máfan?

Jiāng Shān: Bú shì. Yīnwèi wǒ méiyǒu shíjiān， yě méiyǒu qián. Wǒ zhǐ néng yǎng wǒ zìjǐ.

English Translation

Jiang Shan: Sir, this dog is very cute.

Old man: Yes, it is. I've grown flowers and raised birds before, but I didn't like raising dogs. Since coming here, I've found that the people here are all fond of raising dogs, so now I raise dogs, too.

Jiang Shan: I heard that in Chinese cities people are not allowed to raise dogs. Is that true?

Old man: It was not permitted before, but now it is allowed. Some people like raising dogs; some like raising cats; some like raising birds; and some like raising fish. Do you like raising small animals too?

Jiang Shan: I like small animals, but I don't raise small animals.

Old man: Why not? Is it too troublesome?

Jiang Shan: No, it's because I don't have the time, or the money. I can only raise myself.

（二）

(Having just come back from China, Jack is going to Beijing again, on business. He is saying goodbye to Bai Xiaohong.)

Bái Xiǎohóng
白小红：听说，你要去北京了？

Jiékè
杰　克：对啊。公司让我去北京办[18]点儿事儿。

Bái Xiǎohóng
白小红：什么时候走？

Jiékè
杰　克：下星期三。

Bái Xiǎohóng
白小红：你对北京很熟悉[19]了吧？

Jiékè
杰　克：当然。你看这些[20]照片[21]。这是故宫，这是颐和园……

白小红：你登 ²² 过长城吗？

杰　克："不到长城非好汉 ²³"，我怎么能不登长城呢？

白小红：你还去过别的 ²⁴ 城市吗？

杰　克：上海、西安、成都……我都去过。可是，有一个地方

我还没去过。

白小红：什么地方？

杰　克：你的家。

白小红：欢迎 ²⁵ 你去呀！要是你想去的话 ²⁶，我陪 ²⁷ 你一起去。

但是，你得 ²⁸ 给我买机票 ²⁹。

白小红：聽說，你要去北京了？

杰　克：對啊。公司讓我去北京辦 ¹⁸ 點兒事兒。

白小红：什麼時候走？

傑　克：下星期三。

白小紅：你對北京很熟悉[19]了吧?

傑　克：當然。你看這些[20]照片[21]。這是故宮,這是頤和園……

白小紅：你登[22]過長城嗎?

傑　克："不到長城非好漢[23]",我怎麼能不登長城呢?

白小紅：你還去過別的[24]城市嗎?

傑　克：上海、西安、成都……我都去過。可是,有一個地方
　　　　我還沒去過。

白小紅：什麼地方?

傑　克：你的家。

白小紅：歡迎[25]你去呀! 要是你想去的話[26],我陪[27]你一起去。
　　　　但是,你得[28]給我買機票[29]。

Bái Xiǎohóng: Tīngshuō, nǐ yào qù Běijīng le?

Jiékè: Duì a, gōngsī ràng wǒ qù Běijīng bàn diǎnr shìr.

Bái Xiǎohóng: Shénme shíhou zǒu?

Jiékè: Xià xīngqīsān.

Bái Xiǎohóng: Nǐ duì Běijīng hěn shúxī le ba?

Jiékè: Dāngrán. Nǐ kàn zhè xiē zhàopiàn. Zhè shì Gùgōng, zhè shì Yíhéyuán···

Bái Xiǎohóng: Nǐ dēngguo Chángchéng ma?

Jiékè: "Bú dào Chángchéng fēi hǎohàn", wǒ zěnme néng bù dēng Chángchéng ne?

Bái Xiǎohóng: Nǐ hái qùguo biéde chéngshì ma?

Jiékè: Shànghǎi, Xī'ān, Chéngdū··· wǒ dōu qùguo. Kěshì, yǒu yí ge dìfang wǒ hái méi qùguo.

Bái Xiǎohóng: Shénme dìfang?

Jiékè: Nǐ de jiā.

Bái Xiǎohóng: Huānyíng nǐ qù ya. Yàoshi nǐ xiǎng qù dehua, wǒ péi nǐ yìqǐ qù. Dànshì, nǐ děi gěi wǒ mǎi jīpiào.

Bai Xiaohong: I hear that you're going to Beijing. Is it true?

Jack: Yes, my company is sending me to Beijing on business.

Bai Xiaohong: When are you leaving?

Jack: Next Wednesday.

Bai Xiaohong:	You must be very familiar with Beijing by now?
Jack:	Of course. Look at these photos. This is the Imperial Palace, this is the Summer Palace...
Bai Xiaohong:	Have you ever climbed the Great Wall?
Jack:	"You're not a true man if you haven't conquered the Great Wall." How could I not climb the Great Wall?
Bai Xiaohong:	Have you been to any other cities?
Jack:	Shanghai, Xi'an, Chengdu... I've been to all these cities. But there is still one place I haven't visited.
Bai Xiaohong:	Which place?
Jack:	Your home.
Bai Xiaohong:	You are welcome to visit. If you want to go, I can accompany you. But you have to pay for my plane ticket.

Notes：

（一）"要去北京了"

"要...了" indicates that something or an action is going to happen soon. Another example: 我们要放假了。

（二）"我怎么能不登长城呢"

This is a rhetorical question, which means "我当然要登长城".

语 法 Yǔfǎ **Grammar**

The Particle 过(guo) Indicating Past Experience

The particle 过 follows a verb or an adjective to indicate that something has happened before. It is used to emphasize past experiences.

E.g.

（1）他在北京住过，对北京很熟悉。

（2）我在那个饭店吃过中国菜，很好吃。

The negative form is made by adding 没（有）before the verb and keeping the 过.

E.g.

（1）他没去过北京，对北京不熟悉。

（2）我没吃过中国菜，不知道好吃不好吃。

（3）A: 你知道他住哪儿吗？

　　 B: 不知道。他没说过。

The interrogative form is: ...吗？ / ...没有？ / ...V. 没 V.过...?　　E.g.

（1）你去过中国吗？

（2）你去过北京没有？

（3）你吃没吃过中国菜？

The Particle 了 (le) Indicating Change of Situation

In the following sentences, the particle 了 is put at the end of a sentence to indicate that some change has happened, or that a new situation has come about.

E.g.

（1）我以前每天看电视，现在忙了，没有时间看电视了。

（2）她今天有事儿，不能来上课了。

（3）九点了，我要回家了。

Words　for　Reference

1. 宠物	(N.)	chǒngwù	pet	
2. 遛狗	(V.O.)	liù gǒu	to walk the dog	
3. 农村	(N.)	nóngcūn	countryside	農村
4. 照相	(V.O.)	zhào xiàng	take photos	
5. 照相机	(N.)	zhàoxiàngjī	camera	照相機

6. 胶卷	(N.)	jiāojuǎn	film (for taking photos or making movies)

膠捲

7. 旅游	(V.)	lǚyóu	to tour
8. 如果	(Conj.)	rúguǒ	if

Cultural Notes

1. China is rich in both natural scenery and cultural relics. Some examples are: the six ancient capitals including Beijing, Xi'an, Luoyang, Kaifeng, Nanjing, and Hangzhou; modern cities, such as Hong Kong, Shanghai, and Guangzhou; the scenery along the banks of the Yangtze River; the gardens of Suzhou; the tropical scenery of Southern China; the Confucian Temple at Qufu; cultural relics such as those found in the Dunhuang caves on the ancient "Silk Road"; the natural scenery of the Gobi Desert; the Turfan Basin and the Flaming Mountains; the beautiful and ancient city of Lhasa; Buddhist temples throughout the country; and the graceful Mount Huangshan, Mount Lu, Mount Tai, Lake Tai, the West Lake, the Lake of a Thousand Isles, and Sun Moon Lake. They all attract tourists from around the world.

*　　　　*　　　　*

2. In China, many people, particularly the elderly, are in the habit of doing physical exercise in the early morning in parks, athletic fields, or on lawns by the roadside. Many people also like to go out early in the morning to walk their caged birds out for fresh air.

If conditions permit, people like to grow flowers or raise birds, fish, cats, and dogs at home.

Even though more and more people like to raise dogs, the image of the dog in the Chinese language is usually not very flattering! It is very insulting to compare a person to a dog. In modern Chinese, most expressions containing the word "dog" are negative in connotation. For example:

1) zǒu gǒu: a lackey

2) kānjiā gǒu: a watchdog

3) húpéng gǒuyǒu: unsavoury friends

4) lángxīn-gǒufèi: rapacious as a wolf and savage as a cur; cruel and unscrupulous, ungrateful

5) fàng gǒu-pì: rubbish, nonsense, baloney

6) tōu jī mō gǒu: to do something secretly, covertly

7) gǒu jí tiào qiáng: when a dog is desperate, it will jump over a wall; a cornered animal or person will take desperate measures

8) guà yángtóu mài gǒuròu: to display a sheep's head while actually selling dog meat; to sell something inferior to that which is being advertised; the appearance is better than the content

9) mài gǒupí gāoyào: literally, to sell dog skin plasters; to sell quack remedies; forcing people to accept things they don't want or need

10) gǒu zuǐli tǔ-bu-chū xiàngyá: a dog's mouth can't produce ivory; a filthy mouth cannot utter decent words; we can't expect anything from a dog's mouth but a bark

11) gǒu ná hàozi, duōguǎn xiánshì: a dog trying to catch mice; too meddlesome; poking one's nose into other people's business

北京颐和园

上海外滩

周庄

桂林山水

云南少数民族风情

Dì-èr Kè Tā Qù Yīyuàn le

第二课 她 去 医 院 了

Lesson Two   She Has Gone to the Hospital

Wáng Yīng hái méi lái，biéde tóngxué dōu lái le.

● 王 英 还 没来，别的 同学 都 来了。

Wang Ying hasn't come yet. All of the others are here.

Xiànzài tā kěnéng zhèngzài chī zǎofàn.

● 现在 她 可能 正在 吃 早饭。

Maybe she is having breakfast now.

Nǐ shì bu shì chīle bù gānjìng de dōngxi?

● 你是不是 吃了 不干净 的 东西？

Have you eaten something dirty?

Jīntiān zǎoshang wǒ chīle jǐ piàn miànbāo，hēle yì bēi niúnǎi.

● 今天 早上 我吃了几片 面包，喝了一杯 牛奶。

I had a few slices of bread and a glass of milk this morning.

1. 大家	(Pron.)	dàjiā	everybody	
2. 还	(Adv.)	hái	still, yet	還
3. 没(有)	(Adv.)	méi(yǒu)	not	
4. 住	(V.)	zhù	to live	
5. 宿舍	(N.)	sùshè	dormitory	
6. 天／日	(M.W.)	tiān/rì	day	
7. 餐厅	(N.)	cāntīng	dining hall / room	餐廳
8. 早饭	(N.)	zǎofàn	breakfast	早飯
9. 可能	(Adv. & Adj.)	kěnéng	maybe; possible	
10. 正在	(Adv.)	zhèngzài	*key word for progressive actions*	
11. 在	(Adv.)	zài	*key word for progressive actions*	
12. 睡觉	(V.O.)	shuì jiào	to sleep, go to bed	睡覺
13. 肯定	(Adj.)	kěndìng	sure, surely, definitely, certainly	
14. 已经	(Adv.)	yǐjīng	already	已經
15. 起床	(V.O.)	qǐ chuáng	to get up	
起	(V.)	qǐ	up	
床	(N.)	chuáng	bed	张
16. 错	(Adj.)	cuò	wrong	錯

17.医院	(N.)	yīyuàn	hospital	醫院
18.病	(V. & N.)	bìng	to be ill; sickness	
19.舒服	(Adj.)	shūfu	comfortable	

*　　*　　*　　*　　*

20.医生	(N.)	yīshēng	doctor	醫生
21.肚子	(N.)	dùzi	stomach	
22.疼	(Adj.)	téng	to ache	
23.干净	(Adj.)	gānjìng	clean	
24.片	(M.W.)	piàn	(measure word for something flat and thin); slice, piece	
25.面包	(N.)	miànbāo	bread　个 块 片	麵包
26.杯	(M.W.)	bēi	cup of..., glass of...	
27.牛奶	(N.)	niúnǎi	milk　杯	
28.不过	(Conj.)	búguò	but	不過
29.昨天	(T.W.)	zuótiān	yesterday	
30.请客	(V.O.)	qǐng kè	to treat, to entertain guests	請客
31.生鱼片		shēng yúpiàn	slices of raw fish, sashimi	生魚片
生	(Adj.)	shēng	raw, uncooked	
鱼片	(N.)	yúpiàn	slices of fish	魚片
32.新鲜	(Adj.)	xīnxiān	fresh	新鮮

33. 药	(N.)	yào	medicine	藥
34. 着急	(Adj.)	zháojí	worry, to be anxious	
35. 说完		shuō-wán	to (be) finish(ed) saying	说完
完	(V.)	wán	finish(ed)	
36. 厕所	(N.)	cèsuǒ	washroom, toilet	廁所

课 文 Kèwén Text

（一）

(This morning on the western shore of the Pacific Ocean, Ma Li and the others are in the classroom of a university. It's time for class, but Wang Ying hasn't come yet.)

老　师：大家[1]都来了吗？

马　力：王英还[2]没[3]来，别的同学都来了。

老　师：王英怎么啦？

Mǎ　Lì
马　力：不知道。

Lǐqí
里　奇：她住[4]学生宿舍[5]，每天[6]在学校餐厅[7]吃早饭[8]。

Tiánzhōng
田　中：我想，现在她可能[9]正在[10]吃早饭。

Jīn Róngnán
金容南：大概还在[11]睡觉[12]呢。

Lǐqí
里　奇：不可能，她肯定[13]已经[14]起床[15]了。

Zhāng Yuányuan
张园园：你们都错[16]了。王英去医院[17]了。

老　师：怎么，她病[18]了吗？

Zhāng Yuányuan
张园园：她有点儿不舒服[19]。

老　師：大家[1]都來了嗎？

馬　力：王英還[2]沒[3]來，別的同學都來了。

老　師：王英怎麼啦？

馬　力：不知道。

里　奇：她住[4]學生宿舍[5]，每天[6]在學校餐廳[7]吃早飯[8]。

田　中：我想，現在她可能[9]正在[10]吃早飯。

金容南：大概還在[11]睡覺[12]呢。

里　奇：不可能，她肯定[13]已經[14]起床[15]了。

張園園：你們都錯[16]了。王英去醫院[17]了。

老　師：怎麼，她病[18]了嗎？

張園園：她有點兒不舒服[19]。

Lǎoshī:	Dàjiā dōu lái le ma?
Mǎ Lì:	Wáng Yīng hái méi lái, bié de tóngxué dōu lái le.
Lǎoshī:	Wáng Yīng zěnme la?
Mǎ Lì:	Bù zhīdao.
Lǐqí:	Tā zhù xuésheng sùshè, měi tiān zài xuéxiào cāntīng chī zǎofàn.
Tiánzhōng:	Wǒ xiǎng, xiànzài tā kěnéng zhèngzài chī zǎofàn.
Jīng Róngnán:	Kěnéng hái zài shuì jiào ne.
Lǐqí:	Bù kěnéng, tā kěndìng yǐjīng qǐ chuáng le.
Zhāng Yuányuán:	Nǐmen dōu cuò le. Wáng Yīng qù yīyuàn le.
Lǎoshī: ˙	Zěnme, tā bìng le ma?
Zhāng Yuányuán:	Tā yǒudiǎnr bù shūfu.

English Translation

Teacher:	Has everybody come now?
Ma Li:	Wang Ying hasn't come yet. All of the others are here.
Teacher:	What's happened to Wang Ying?
Ma Li:	I don't know.
Liqi:	She lives in the dormitory. Every morning she eats breakfast in the dining hall.
Ma Li:	I think she might be having breakfast right now.

Jin Rongnan:	Maybe she's still sleeping.
Liqi:	That's not possible. She has definitely gotten up.
Zhang Yuanyuan:	You're all wrong. Wang Ying has gone to the hospital.
Teacher:	What's wrong; is she sick?
Zhang Yuanyuan:	She feels a bit uncomfortable.

Notes:

（一）"天天在学校餐厅吃早饭"、"大概还在睡觉呢"

The first 在 is a preposition which introduces a place expression; the second is an adverb, indicating an action in progress.

天天 means 每天 (every day). The reduplication of the measure words indicates 每 (every, each). Other examples:"我们的老师个个都戴眼镜。"Each of our teachers wears glasses."这些照片张张都很漂亮。"Each of these pictures are beautiful.

（二）"她怎么啦"

怎么，怎么样 and 怎么啦 are different. 怎么 is often used as an adverbial for asking about the manner; 怎么样 is often used as a predicate for inquiring about the situation. 怎么啦 indicates concern about the present situation, and has a tone of surprise.

E.g.

你们打算怎么去?	我们打算坐飞机去。
这些照片怎么样?	这些照片很漂亮。
他怎么啦?	他病了。

（二）

(Wang Ying is in the hospital.)

Wáng Yīng
王　英：医生 ²⁰，我肚子 ²¹ 疼 ²²。

医　生：你是不是吃了不干净 ²³ 的东西？

Wáng Yīng
王　英：没有啊。

医　生：今天早上吃了什么？

Wáng Yīng
王　英：吃了几片 ²⁴ 面包 ²⁵，喝了一杯 ²⁶ 牛奶 ²⁷。……不过 ²⁸，

昨天 ²⁹ 晚上朋友请客 ³⁰，我们去了学校附近的一个饭店，

talking about past actions

我吃了很多生鱼片 ³¹。

supposition　　*making a request*

医　生：可能生鱼片不太新鲜 ³²。你得吃药 ³³，还得……

Wáng Yīng
王　英：对不起……

医　生：别着急[34]，我还没说完[35]呢。你得吃药，还得……

Wáng Yīng
王　英：对不起，厕所[36]在哪儿？

～～～～～～～～～～～～～～～～～～～～～～～～～～～～～

Wáng Yīng
王　英：醫生[20]，我肚子[21]疼[22]。

醫　生：你是不是吃了不乾净[23]的東西？

Wáng Yīng
王　英：没有啊。

醫　生：今天早上吃了什么？

Wáng Yīng
王　英：吃了幾片[24]麵包[25]，喝了一杯[26]牛奶[27]。……不過[28]，

昨天[29]晚上朋友請客[30]，我們去了學校附近的一個飯店，

talking about past actions

我吃了很多生魚片[31]。

supposition　　　*making a request*

醫　生：可能生魚片不太新鮮[32]。你得吃藥[33]，還得……

Wáng Yīng
王　英：對不起……

醫　生：別着急[34]，我還沒說完[35]呢。你得吃藥，還得……

Wáng Yīng ` ` ˇ ` ` ` ˇ

王 英： 對不起， 廁所³⁶在哪兒？

Pinyin Text

Wáng Yīng:	Yīshēng, wǒ dùzi téng.
Yīshēng:	Nǐ shì bu shì chīle bù gānjìng de dōngxi?
Wáng Yīng:	Méiyǒu a.
Yīshēng:	Jīntiān zǎoshàng chīle shénme?
Wáng Yīng:	Chīle jǐ piàn miànbāo, hēle yì bēi niúnǎi···Búguò, zuótiān wǎnshang péngyou qǐng kè, wǒmen qùle xuéxiào fùjìn de yí ge fàndiàn, wǒ chīle hěn duō shēng yúpiàn.
Yīshēng:	Kěnéng shēng yúpiàn bú tài xīnxiān. Nǐ děi chī yào, hǎi děi ···
Wáng Yīng:	Duìbuqǐ···
Yīshēng:	Biézháojí, wǒ hái méi shuō-wán ne. Nǐ děi chī yào, hái děi···
Wáng Yīng:	Duìbuqǐ, cèsuǒ zài nǎr?

English Translation

Wang Ying:	Doctor, my stomach aches.
Doctor:	Have you eaten anything dirty?
Wang Ying:	No, I haven't.

Doctor:	What did you have this morning?
Wang Ying:	A few slices of bread and a glass of milk.... But last night my friend treated us to dinner. We went to a restaurant near the campus. I ate many slices of raw fish.
Doctor:	Maybe the fish wasn't very fresh. You must take medicine and....
Wang Ying:	Excuse me...
Doctor:	Calm down. I'm not finished talking yet. You must take medicine and...
Wang Ying:	Excuse me, where's the toilet?

Notes:

（一）"你是不是吃了不干净的东西"

是不是... means "is it or is it not...?" 是不是 is usually inserted between the subject and the predicate: <u>S. 是不是 Pred.</u>? E.g. 你是不是想买汽车?

是不是 can also be put at the beginning or the end of the sentence: <u>是不是…?</u> / <u>…, 是不是?</u> E.g. 是不是你想买汽车? / 你想买汽车, 是不是?

（二）"几片面包"

"A few slices of bread." Here, 几 is not a question word. It means "several, a few."

The Particle 了(le) Indicating Completion of Action

In addition to indicating change, 了 is put after a verb to show completion of an action or the realization of an event:

E.g.

(1) 她已经来了。

(2) 我昨天吃了很多生鱼片。

To get the negative form, add 没 (有) before the verb and omit 了.

E.g.

(1) 她还没来。

(2) 我昨天没吃生鱼片。

For the interrogative form, use:...吗? / ...V. 没 V. ...? / ...了没有?

E.g.

(1) 王英来了吗?

(2) 王英来没来?

(3) 王英来了没有?

Note: If 了 follows a verb which has an object, a numeral or an attributive is usually placed before the object.

E.g.

(1) 我今天早上吃了几片面包,喝了一杯牛奶。

(2) 我昨天吃了很多生鱼片。

在(zài) and 正在(zhèngzài) Indicating Ongoing Actions

In order to indicate an ongoing action, the adverb 在 or 正在 is used before the verb.

E.g.

(1) 你在干什么?

(2) 我在看书。

(3) 她可能还在睡觉呢。

(4) 我们<u>正在</u>上课。

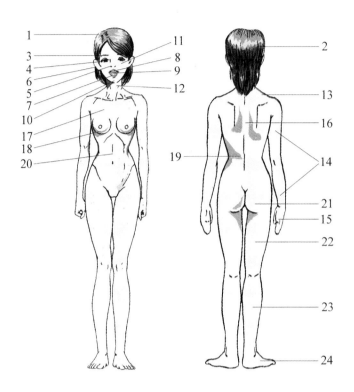

1.头 tóu (head)　　　2.头发 tóufa (hair)　　　3.眉毛 méimao (eyebrows)

4.眼睛 yǎnjing (eyes)　5.鼻子 bízi (nose)　　　6.耳朵 ěrduo (ears)

7.嘴巴 zuǐbà (mouth)　8.牙齿 yáchǐ (teeth)　　9.舌头 shétou (tongue)

10.下巴 xiàba (chin)　　11.脸 liǎn (face)　　　12.脖子 bózi (neck)

13.肩膀 jiānbǎng　　　14.手臂 shǒubì　　　　15.手 shǒu (hands)
　　(shoulders)　　　　　　(arms)

16.背 bèi (back)　　　17.胸 xiōng (chest)　　　18.乳房 rǔfáng (breast)

19.腰 yāo (waist)　　　20.肚子 dùzi (abdomen)　21.屁股 pìgu (buttocks)

22.大腿 dàtuǐ (thighs)　23.小腿 xiǎotuǐ (calf)　24.脚 jiǎo (feet)

Words for Reference

1. 身体	(N.)	shēntǐ	body, health		身體
2. 食堂	(N.)	shítáng	dining hall, cafeteria		
3. 午饭	(N.)	wǔfàn	lunch		午飯
4. 晚饭	(N.)	wǎnfàn	supper		晚飯
5. 迟到	(V.)	chídào	to be late		遲到
6. 大夫	(N.)	dàifu	doctor, physician		
7. 脏	(Adj.)	zāng	dirty		髒
8. 打针	(V.O.)	dǎ zhēn	to give or to get an injection		打針
9. 洗手间	(N.)	xǐshǒujiān	washroom, toilet		洗手間
10. 卫生间	(N.)	wèishēngjiān	bathroom, toilet		衛生間

Dì-sān Kè   Tāmen Shì Shénme Shíhou Lái De

第三课 他们是什么时候来的

Lesson Three   When Did They Come?

Nǐ zuótiān mǎi de nà zhāng xīn dìtú, néng bu néng jiè

● 你 昨天 买 的 那 张 新地图, 能 不 能 借

wǒ yòng yíxià?

我 用 一下?

Could you lend me the new map that you bought yesterday?

Tāmen shì shénme shíhou lái de?

● 他们 是 什么 时候 来 的?

When did they come?

Zhè běn shū shì shénme shíhou jiè de?

● 这 本 书 是 什么 时候 借 的?

When did you borrow the book?

词 语 Cíyǔ　　**Words and Phrases**

1. 新	(Adj.)	xīn	new	
2. 借	(V.)	jiè	to borrow, to lend	
3. 房间	(N.)	fángjiān	room	房間
4. 拿	(V.)	ná	to hold, take, bring	
5. 历史	(N.)	lìshǐ	history	歷史
6. 博物馆	(N.)	bówùguǎn	museum	博物館
7. 父母亲		fùmǔqīn	parents	父母親
父亲	(N.)	fùqin	father	父親
母亲	(N.)	mǔqin	mother	母親
8. 先	(Adv.)	xiān	first	
9. 火车	(N.)	huǒchē	train	火車
10.第		dì	(prefix for ordinal numbers)	
11.次	(M.W.)	cì	(measure word for frequency)	
			(number of times)	
12.经济	(N.)	jīngjì	economy	經濟
13.文化	(N.)	wénhuà	culture	
14.对…感兴趣 / 有兴趣		duì…gǎn xìngqù/yǒu xìngqù		
			be interested in　　對…感興趣 / 有興趣	

兴趣	(N.)	xìngqù	interest	興趣
15.中国通		Zhōngguó tōng		
			an expert on China	中國通

* * * * *

16.下课	(V.O)	xià kè	to finish class, get out of class	
				下課
17.图书馆	(N.)	túshūguǎn	library	圖書館
18.还	(V.)	huán	to return	還
19.写	(V.)	xiě	to write	寫
20.生意	(N.)	shēngyi	business	
21.不错	(Adj.)	búcuò	not bad, pretty good	不錯
22.应该	(Op.V.)	yīnggāi	should, ought to	應該
23.恐怕	(Adv.)	kǒngpà	I'm afraid that…, maybe, probably	
24.过期	(V. O.)	guò qī	overdue	過期
25.快	(Adj.)	kuài	fast, quick(ly)	
26.罚款	(V.O.)	fá kuǎn	impose a fine	罰款
罚	(V.)	fá	to punish, penalize	罰
款	(N.)	kuǎn	a sum of money	
27.规定	(N.& V.)	guīdìng	rules; to regulate, stipulate	
				規定

28.这么	(Adv.)	zhème	like this, this way	這麼
29.厉害	(Adj.)	lìhai	severe, fierce	厲害
30.算了		suàn le	let it go, forget it	

Supplementary Words

31.那么	(Adv.)	nàme	like that, that way	那麼
32.参观	(V.)	cānguān	to visit, look around	參觀

Proper Names

33.香港		Xiānggǎng	Hong Kong	

（一）

(On the campus of a Chinese university Ma Li and Gao Yifei meet at the dormitory gate one Saturday morning.)

Gāo Yīfēi

greeting

高一飞：早饭吃了吗？

Mǎ Lì

changing the subject

马　力：还没有呢。哦，对了，你昨天买的那张新[1]地图，能不

making a request

能借[2]我用一下？

Gāo Yīfēi

高一飞：行啊，到我房间[3]去拿[4]吧。怎么，你要出去？

Mǎ Lì

马　力：吃了早饭，我要陪我爸妈去历史[5]博物馆[6]。

Gāo Yīfēi
高一飞：你父母亲⁷来了？

Mǎ Lì
马 力：是啊。

Gāo Yīfēi
高一飞：他们是什么时候来的？
information

Mǎ Lì
马 力：上个星期。

Gāo Yīfēi
高一飞：是从澳大利亚来的吗？

Mǎ Lì
马 力：不是，他们先⁸去了香港，然后去了北京，上个星期

从北京坐火车⁹来的。

Gāo Yīfēi
高一飞：他们以前没来过中国吧？
supposition

Mǎ Lì
马 力：不，来过，这已经是第¹⁰六次¹¹了。他们对中国的

经济¹²、文化¹³非常感兴趣¹⁴。

Gāo Yīfēi
高一飞：啊，是两位"中国通¹⁵"。

Gāo Yīfēi
高一飛：早飯吃了嗎？
greeting

Mǎ Lì
馬 力：還沒有呢。哦，對了，你昨天買的那張新¹地圖，能不
changing the subject

making a request

能借²我用一下?

Gāo Yīfēi
高一飛:行啊,到我房間³去拿⁴吧。怎么,你要出去?

Mǎ Lì
馬 力:吃了早飯,我要陪我爸媽去歷史⁵博物館⁶。

Gāo Yīfēi
高一飛:你父母親⁷來了?

Mǎ Lì
馬 力:是啊。

information

Gāo Yīfēi
高一飛:他們是什麼時候來的?

Mǎ Lì
馬 力:上個星期。

Gāo Yīfēi
高一飛:是從澳大利亞來的嗎?

Mǎ Lì
馬 力:不是,他們先⁸去了香港,然後去了北京,上個星期

從北京坐火車⁹來的。

supposition

Gāo Yīfēi
高一飛:他們以前沒來過中國吧?

Mǎ Lì
馬 力:不,來過,這已經是第¹⁰六次¹¹了。他們對中國的

經濟¹²、文化¹³非常感興趣¹⁴。

Gāo Yīfēi
高一飛： 啊，是兩位 "中國通 [15]"。
ā à ǐ ì ī í ī

Gāo Yīfēi: Zǎofàn chī le ma?

Mǎ Lì: Hái méiyǒu ne.   Ò, duìle,   nǐ zuótiān mǎi de nà zhāng xīn
              dìtú, néng bu néng jiè wǒ yòng yíxia?

Gāo Yīfēi: Xíng a, dào wǒ fángjiān qù ná ba. Zěnme, nǐ yào chūqù?

Mǎ Lì: Chīle zǎofàn, wǒ yào péi wǒ bàmā qù Lìshǐ Bówùguǎn.

Gāo Yīfēi: Nǐ fùmǔqin lái le?

Mǎ Lì: Shì a.

Gāo Yīfēi: Tāmen shì shénme shíhou lái de?

Mǎ Lì: Shàng ge xīngqī.

Gāo Yīfēi: Shì cóng Àodàlìyà lái de ma?

Mǎ Lì: Bú shì.   Tāmen xiān qùle Xiānggǎng, ránhòu qùle Běijīng,
              shàng ge xīngqī cóng Běijīng zuò huǒchē lái de.

Gāo Yīfēi: Tāmen yǐqián méi láiguo Zhōngguó ba?

Mǎ Lì: Bù, láiguo, zhè yǐjīng shì dì-liù cì le.   Tāmen duì Zhōngguó
              de jīngjì, wénhuà fēicháng gǎn xìngqù.

Gāo Yīfēi: À, shì liǎng wèi "Zhōngguó tōng".

Gao Yifei:	Have you had breakfast?
Ma Li:	Not yet. Oh, could you lend me the new map that you bought yesterday?
Gao Yifei:	Yes. You can come to my room to get it. So, you're going out?
Ma Li:	After breakfast I'm going to accompany my parents to the History Museum.
Gao Yifei:	Your parents are here?
Ma Li:	Yes.
Gao Yifei:	When did they come?
Ma Li:	Last week.
Gao Yifei:	Did they come from Australia?
Ma Li:	No, they first went to Hong Kong and then to Beijing. Last week they came from Beijing by train.
Gao Yifei:	They haven't come to China before, have they?
Ma Li:	Yes, they have. This is already their sixth time. They are very interested in China's economy and culture.
Gao Yifei:	Oh, they are two "China experts."

Notes:

（一）"吃了早饭,我要陪我爸妈去历史博物馆"

This means "吃了早饭以后,我要陪我爸妈去历史博物馆." "V1 了...（以后）V2..." indicates that the second action happens after the first action has finished.

（二）"——他们以前没来过中国吧?

——不,来过"

不 is an answer to the person who is making a conjecture. It means *"you are wrong in saying so."* 来过 is a statement confirming a fact. Note that the way to answer a negative question in Chinese is different from English.

（二）

(Ma Li is walking to the library,   while Wang Ying is coming back from the classroom after class. They meet on the way.)

Mǎ　Lì　　　greeting　la
马　力：下课[16]啦？

Wáng　Yīng
王　英：下课了。你去哪儿？

Mǎ　Lì
马　力：去图书馆[17]还[18]书。

Wáng　Yīng
王　英：什么书？

Mǎ　Lì
马　力：一本美国人写[19]的书，书名叫《怎么跟中国人做生意[20]》。

information
你看过吗？

王 英 (Wáng Yīng)：听说过，没看过。这本书怎么样？

马 力 (Mǎ Lì)：很不错[21]。你也应该[22]看看。 *suggestion*

王 英 (Wáng Yīng)：那你别还了，给我看一下。 *making a request*

马 力 (Mǎ Lì)：恐怕[23]不行。就要过期[24]了。 *refusal*

王 英 (Wáng Yīng)：这本书是什么时候借的？

马 力 (Mǎ Lì)：上个月二十号。快[25]一个月了。

王 英 (Wáng Yīng)：过了期会罚款[26]吧？

马 力 (Mǎ Lì)：那当然。图书馆有规定[27]，要是过期不还，每天罚一块钱。

王 英 (Wáng Yīng)(wā)：哇，这么[28]厉害[29]！那算了[30]，你快点儿去还吧。 *surprise* *giving up* *urging*

马 力 (Mǎ Lì)：下課[16]啦(la)？ *greeting*

王 英 (Wáng Yīng)：下課了。你去哪兒？

马 力：去图书馆¹⁷还¹⁸书。

Wáng Yīng
王 英：什么书？

Mǎ Lì
马 力：一本美国人写¹⁹的书，书名叫《怎么跟中国人做生意²⁰》。

information

你看过吗？

Wáng Yīng
王 英：听说过，没看过。这本书怎么样？

Mǎ Lì
马 力：很不错²¹。你也应该²²看看。

suggestion

Wáng Yīng
王 英：那你别还了，给我看一下。

making a request

Mǎ Lì
马 力：恐怕²³不行。就要过期²⁴了。

refusal

Wáng Yīng
王 英：这本书是什么时候借的？

Mǎ Lì
马 力：上个月二十号。快²⁵一个月了。

Wáng Yīng
王 英：过了期会罚款²⁶吧？

Mǎ Lì
马 力：那当然。图书馆有规定²⁷，要是过期不还，每天罚一块钱。

王　英：哇，這麼²⁸厲害²⁹！那算了³⁰，你快點兒去還吧。

Wáng　Yīng　wā　　　　　　surprise　　giving up　　　　　urging

Pinyin Text

Mǎ Lì:　　　　Xià kè la?

Wáng Yīng:　Xià kè le. Nǐ qù nǎr?

Mǎ Lì:　　　　Qù túshūguǎn huán shū.

Wáng Yīng:　Shénme shū?

Mǎ Lì:　　　　Yì běn Měiguórén xiě de shū,　shūmíng jiào "Zěnme
　　　　　　　Gēn Zhōngguórén Zuò Shēngyì". Nǐ kànguo ma?

Wáng Yīng:　Tīngshuōguo, méi kànguo. Zhè běn shū zěnmeyàng?

Mǎ Lì:　　　　Hěn búcuò. Nǐ yě yīnggāi kànkan.

Wáng Yīng:　Nà nǐ bié huán le, gěi wǒ kàn yíxia.

Mǎ Lì:　　　　Kǒngpà bùxíng. Jiù yào guò qī le.

Wáng Yīng:　Zhè běn shū shì shénme shíhou jiè de?

Mǎ Lì:　　　　Shàng ge yuè èrshí hào. Kuài yí ge yuè le.

Wáng Yīng:　Guòle qī huì fá kuǎn ba?

Mǎ Lì:　　　　Nà dāngrán.　Túshūguǎn yǒu guīdìng, yàoshi guò qī bù
　　　　　　　huán, měi tiān fá yí kuài qián.

Wáng Yīng:　Wā, zhème lìhai! Nà suàn le, nǐ kuài diǎnr qù huán ba.

English Translation

Ma Li:	Is class over?
Wang Ying:	Yes, class is over. Where are you going?
Ma Li:	I'm going to the library to return a book.
Wang Ying:	Which book?
Ma Li:	A book written by an American. The name of the book is "How to Do Business with the Chinese." Have you read it?
Wang Ying:	I've heard of it, but I've never read it. How is this book?
Ma Li:	It's very good. You should read it, too.
Wang Ying:	Then don't return it. Let me read it.
Ma Li:	I'm afraid I can't. It's almost overdue.
Wang Ying:	When did you borrow this book?
Ma Li:	On the twentieth of last month. It has almost been one month, now.
Wang Ying:	Will they fine you if it's overdue?
Ma Li:	Of course. The library's rules stipulate that if an overdue book is not returned, you will be fined one yuan per day.
Wang Ying:	That's quite severe! Forget it; quickly go and return it.

Notes:

（一）"下课啦"

啦 here is a fusion of the words 了 and 啊.

（二） "快一个月了"

This means "nearly one month".

（三） "过了期会罚款吧?"

Here 会 indicates the possibility. Another example: 这么晚了，我想他不会来了。

语 法 Yǔfǎ **Grammar**

是……的(shì…de)

The structure 是… 的 is used when both parties know that an action has taken place, but the speaker needs to point out when, where and how it took place. 是 can be omitted in this pattern.

（是）+ when / where / how… + V. + 的

E.g.

    A: 你看，这件衬衫怎么样?

    B: 不错。你(是)<u>什么时候</u>买的?

    A: 我(是)<u>昨天</u>买的。

    B: 你(是)<u>在哪儿</u>买的?

    A: 我(是)<u>在我家旁边的一个小商店</u>买的。

    B: (是)<u>多少钱</u>买的?

    A: <u>九十块</u>。

If the verb is followed by an object, the object normally follows 的, but sometimes precedes 的。

    今天我(是)早上六点起的床。

    今天我(是)早上六点起床的。

Verb Phrases and Clauses Used as Attributives

Verbs, verb phrases, and clauses can be used as attributives, just like nouns, adjectives, and numerals. But, when used for this purpose, they must be followed by"的."

E.g.

    （1）<u>你去过</u>的地方真多啊!

    （2）这是<u>我昨天买</u>的衬衫。

（3）我工作的地方离这儿很远。

（4）这些都是我在中国拍的照片。

（5）这是喝茶的杯子,那是喝咖啡的杯子。

Topicalization

Chinese is a topic-prominent language. Normally, the preceding part of a sentence is a specific element functioning as the topic, while the subsequent part is the declaration, or the comment on it. In the following examples, the underlined parts are the topics:

（1）我肚子疼。

（2）她瘦瘦的,高高的,头发长长的。

（3）你昨天买的那张新地图,能不能借我用一下?

The topic of a text or dialogue is usually found at the beginning of the sentence; for example:

A: 我想去买一张中国地图。

B: 中国地图我有,你要看吗?

Other examples：

A: 我从图书馆借了两本书,一本是《说什么》,一本是《怎么说》。

B: 《说什么》我看过,很不错;《怎么说》我没看过,你能给我看看吗?

Sometimes the receiver of an action appears at the beginning of the sentence as the topic, while the doer does not appear. Thus, the voice seems to be passive. But in this kind of Chinese sentence, there is usually no special indication of subject/doer, unless its omission causes some misunderstanding. In fact, this kind of sentence also indicates the relation of the topic to its comment.

E.g.

（1）早饭吃了吗?

（2）这本书是什么时候借的?

Words for Reference

1. 超市 (N.) chāoshì supermarket
2. 访问 (V.) fǎngwèn to visit 訪問
3. 阅览室 (N.) yuèlǎnshì reading room 閱覽室
4. 办公室 (N.) bàngōngshì office 辦公室
5. 教学楼 (N.) jiàoxuélóu classroom building 教學樓
6. 学生证 (N.) xuéshēngzhèng student card 學生證
7. 借书证 (N.) jièshūzhèng library card

(literally: book-borrowing card) 借書證

Cultural Notes

"Nǐ hǎo!" is not a traditional Chinese greeting. It is now used mostly by the more educated people in cities. It would be rather monotonous if you always said "nǐ hǎo!" when greeting people. In actuality, the Chinese have many different ways of greeting people. The general principle is to use expressions that show concern for the people one encounter, according to the time of day and the specific situation. Sometimes the expression may be a greeting, but sometimes it seems more like a statement of obvious fact.

For example, suppose it is lunchtime and you run into a friend at the entrance to the library. You can say, "Chī le ma?" (Have you eaten?) If you are walking into the dining hall just as your friend, who just finished eating, is leaving, you could say: "Chī-wán le?" (Finished eating?)

When you notice that your friend is just about to go out, you might say: "Qù nǎr a?"(Where are you going?) If your friend is a student, it should be obvious that he is going to class, so you might simply say,"Qù shàngkè ya?" (Going to class?) When you come across a friend who is just coming out of a classroom, you might say: "Xiàkè le?" (Finished your class?)

It may seem that questions like, "Finished eating?" or "Finished your class?" are rather unnecessary, but they are actually greetings.

Answers to these questions can be quite varied, too.

For example:

——Where are you going?

——Just going out. (chūqù yíxia)

Or just give a smile, a nod, or a vague gesture. You may, of course, give a detailed answer as to where you are going. It all depends on your relationship with the other person, the significance of where you are going, or whether you have time to stop to chat.

Another way of greeting someone is simply to directly address the person by name or title; this is also considered a form of greeting.

For example:

——Hey, Xiao Zhang! (Hèi, Xiǎo Zhāng!)

——Hi, Professor Wang! (Ài, Wáng lǎoshī!)

Dì-sì Kè　Jīntiān Nǐ Chuān de Zhēn Piàoliang

第四课　今天你穿得真漂亮

Lesson Four　You're Dressed So Beautifully Today

Jīntiān nǐ chuān de zhēn piàoliang.

● 今天你穿得真漂亮。

You're dressed so beautifully today.

Tā jiù shì nà ge chàng gē chàng de fēicháng hǎotīng de

● 她就是那个唱歌唱得非常好听的

nǚ háizi.

女孩子。

She is the girl whose singing is so pleasant to hear.

Zhù nǐ yuèláiyuè piàoliang, yuèláiyuè niánqīng.

● 祝你越来越漂亮，越来越年轻。

May you become prettier and prettier, and younger and younger.

Wǒ ya, jiǔ hē de yuè duō, Hànyǔ jiù shuō de yuè liúlì.

● 我呀，酒喝得越多，汉语就说得越流利。

The more I drink, the more fluently I speak Chinese.

1. 得	(Part.)	de		
2. 外事	(N.)	wàishì	foreign affairs	
3. 活动	(N. & V.)	huódòng	activity; to exercise	活動
4. 见	(V.)	jiàn	to see, meet	見
5. 国家	(N.)	guójiā	country	國家
6. 主席	(N.)	zhǔxí	chairman	
7. 总统	(N.)	zǒngtǒng	president	總統
8. 特别	(Adv. & Adj.)	tèbié	especially; special	
9. 唱歌	(V. O.)	chàng gē	to sing	
唱	(V.)	chàng	to sing	
歌	(N.)	gē	song	
10. 好听	(Adj.)	hǎotīng	pleasant to hear	好聽
11. 跳舞	(V. O.)	tiào wǔ	to dance	
跳	(V.)	tiào	to jump	
舞	(N.)	wǔ	dance	
12. 优美	(Adj.)	yōuměi	graceful, fine	優美
13. 去年	(T.W.)	qùnián	last year	
14. 问题	(N.)	wèntí	question, problem	問題

15.晚	(Adj.)	wǎn	late	

* * * * *

16.祝	(V.)	zhù	to wish (expressing good wishes)	
17.生日	(N.)	shēngri	birthday	
18.快乐	(Adj.)	kuàilè	merry, happy	快樂
19.送	(V.)	sòng	to give (something as a gift)	
20.礼物	(N.)	lǐwù	gift 件	禮物
21.属	(V.)	shǔ	to be born in the year of	
			(one of the twelve zodiacal animals)	屬
22.玉	(N.)	yù	jade 块	
23.咱们	(Pron.)	zánmen	we	咱們
24.蛋糕	(N.)	dàngāo	cake	
25.字	(N.)	zì	character	
26.越来越……		yuèláiyuè…	more and more	
27.年轻	(Adj.)	niánqīng	young	年輕
28.流利	(Adj.)	liúlì	fluent	
29.酒	(N.)	jiǔ	wine, liquor	
30.越……越……		yuè…yuè…	the more...the more...	
31.明白	(V.& Adj.)	míngbai	to understand; clear	
32.干杯	(V. O.)	gān bēi	to drink a toast, "cheers!"	乾杯

33.早	(Adj.)	zǎo	early
34.好看	(Adj.)	hǎokàn	beautiful, good-looking
35.回答	(V.)	huídá	to answer, reply

课　文　Kèwén　**Text**

（一）

(Ma Li encounters his classmate, Liqi, on the street.)

马　力：今天你穿得[1]真漂亮啊。

里　奇：我今天有"外事[2]"活动[3]。

马　力：外事活动？去见[4]中国国家[5]主席[6]，还是美国总统[7]？

里　奇：都不是。去见我女朋友的父母亲。这是我第一次去她家。

马　力：你女朋友是谁呀？

里　奇：你不知道？就是小张啊。

马　力：小张？就是那个特别[8]可爱、特别漂亮的女孩子？

里　奇：是啊。

马　力：那个唱歌[9]唱得非常好听[10]的女孩子？

里　奇：是啊。

马　力：那个跳舞[11]跳得特别优美[12]的女孩子？

里　奇：是啊。

马 力：她是你女朋友？

里 奇：是啊。

马 力：你们什么时候认识的？

里 奇：去年[13]。—你还有什么问题[14]?

马 力：没有了。 (to himself) 嗨，我……太晚[15]了！

里 奇：太晚了？你什么意思？

馬 力：今天你穿得[1]真漂亮啊。

里 奇：我今天有"外事[2]"活動[3]。

馬 力：外事活動？去見[4]中國國家[5]主席[6]，還是美國總統[7]?

里 奇：都不是。去見我女朋友的父母親。這是我第一次去她家。

馬 力：你女朋友是誰呀？

里　奇：你不知道？就是小張啊。

馬　力：小張？就是那個特別 [8] 可愛、特別漂亮的女孩子？

里　奇：是啊。

馬　力：那個唱歌 [9] 唱得非常好聽 [10] 的女孩子？

里　奇：是啊。

馬　力：那個跳舞 [11] 跳得特別優美 [12] 的女孩子？

里　奇：是啊。

馬　力：她是你女朋友？

里　奇：是啊。

馬　力：你們什麼時候認識的？

里　奇：去年 [13]。—你還有什麼問題 [14]？

馬　力：沒有了。 (to himself) 嗨，我……太晚 [15] 了！

里　奇：太晚了？你什麼意思？

Mǎ Lì: Jīntiān nǐ chuān de zhēn piàoliang a.

Lǐqí: Wǒ jīntiān yǒu "wàishì" huódòng.

Mǎ Lì: Wàishì huódòng?   Qù jiàn Zhōngguó guójiā zhǔxí,   háishì Měiguó zǒngtǒng?

Lǐqí: Dōu bú shì.   Qù jiàn wǒ nǚpéngyou de fùmǔqin.   Zhè shì wǒ dìyī cì qù tā jiā.

Mǎ Lì: Nǐ nǚpéngyou shì shuí ya?

Lǐqí: Nǐ bù zhīdào? Jiù shì Xiǎo Zhāng a.

Mǎ Lì: Xiǎo Zhāng?   Jiù shì nà ge tèbié kě'ài,   tèbié piàoliang de nǚháizi?

Lǐqí: Shì a.

Mǎ Lì: Nà ge chàng gē chàng de fēicháng hǎotīng de nǚháizi?

Lǐqí: Shì a.

Mǎ Lì: Nà ge tiàowǔ tiào de tèbié yōuměi de nǚháizi?

Lǐqí: Shì a.

Mǎ Lì: Tā shì nǐ nǚpéngyou?

Lǐqí: Shì a.

Mǎ Lì: Nǐmen shénme shíhou rènshi de?

Lǐqí: Qùnián. — Nǐ hái yǒu shénme wèntí?

Mǎ Lì: Méiyǒu le.   (to himself) Hài, wǒ ⋯ tài wǎn le!

Lǐqí: Tài wǎn le? Nǐ shénme yìsi?

Ma Li: You're dressed so beautifully today.

Liqi: I have a foreign affairs activity today.

Ma Li: A foreign affairs activity? Are you meeting the Chinese Chairman or the American President?

Liqi: Neither. I'm meeting my girlfriend's parents. This will be the first time I visit her home.

Ma Li: Who's your girlfriend?

Liqi: You don't know? She's Xiao Zhang.

Ma Li: Xiao Zhang? That especially cute, especially pretty girl?

Liqi: Yes.

Ma Li: The girl whose singing is so pleasant to hear?

Liqi: Yes.

Ma Li: The girl who dances so very beautifully?

Liqi: Right.

Ma Li: She's your girlfriend?

Liqi: Yes.

Ma Li: When did you meet each other?

Liqi: Last year. Do you have any more questions?

Ma Li: No, I don't. (to himself) I'm too late!

Liqi: Too late? What do you mean?

（二）

(At Xiao Zhang's birthday party)

Gāo Yīfēi
高一飞：祝[16]你生日[17]快乐[18]！

Xiǎo Zhāng
小 张：谢谢！

Mǎ Lì
马 力：这是我送[19]给你的一件小礼物[20]。你属[21]龙，送你一条玉[22]龙。

Xiǎo Zhāng
小 张：哎呀，你太客气了，谢谢！来，咱们[23]吃蛋糕[24]吧。

Mǎ Lì
马 力：(to Gao Yifei) 你看，蛋糕上写的是什么？

Gāo Yīfēi
高一飞：这不是"生日快乐"四个字[25]吗？

Mǎ Lì
马 力：哦，"生日快乐"……小张，祝你越来越[26]漂亮，越来越年轻 27，今年二十，明年十八。

里 奇：今天马力的汉语说得特别流利 28。

马 力：我呀，酒 29 喝得越 30 多，汉语就说得越 30 流利。

小 张：啊，我明白 31 了，你的意思是——

里 奇：他还想再喝一杯。

马 力：好吧。来，干杯 32！

高一飛：祝 16 你生日 17 快樂 18！

小 張：謝謝！

馬 力：這是我送 19 給你的一件小禮物 20。你屬 21 龍，送你一條玉 22 龍。

小 張：哎呀，你太客氣了，謝謝！來，咱們 23 吃蛋糕 24 吧。

馬 力：(to Gao Yifei) 你看，蛋糕上寫的是什麼？

高一飛：這不是 "生日快樂" 四個字 25 嗎？

Mǎ Lì：哦，"生日快樂"……小張，祝你越來越 [26] 漂亮，越來越年輕 [27]，今年二十，明年十八。

里奇：今天馬力的漢語説得特別流利 [28]。

馬力：我呀，酒 [29] 喝得越 [30] 多，漢語就説得越 [30] 流利。

小張：啊，我明白 [31] 了，你的意思是——

里奇：他還想再喝一杯。

馬力：好吧。来，幹杯 [32]！

Pinyin Text

Gāo Yīfēi: Zhù nǐ shēngri kuàilè!

Xiǎo Zhāng: Xièxie!

Mǎ Lì: Zhè shì wǒ sòng gěi nǐ de yí jiàn xiǎo lǐwù. Nǐ shǔ lóng, sòng nǐ yì tiáo yù lóng.

Xiǎo Zhāng: Āiya, nǐ tài kèqi le, xièxie! Lái, zánmen chī dàngāo ba.

Mǎ Lì: (to Gao Yifei) Nǐ kàn, dàngāo shang xiě de shì shénme?

Gāo yīfēi: Zhè bú shì "shēngri kuàilè" sì ge zì ma?

Mǎ Lì:	Ò, "shēngri kuàile" ··· Xiǎo Zhāng, zhù nǐ yuèláiyuè piàoliang, Yuèláiyuè niánqīng. Jīnnián èrshí, míngnián shíbā.
Lǐqí:	Jīntiān Mǎ Lì de Hànyǔ shuō de tèbié liúlì.
Mǎ Lì:	Wǒ ya, jiǔ hē de yuè duō, Hànyǔ jiù shuō de yuè liúlì.
Xiǎo Zhāng:	À, wǒ míngbai le, nǐ de yìsi shì ——
Lǐqí:	Tā hái xiǎng zài hē yì bēi.
Mǎ Lì:	Hǎo ba. Lái, gānbēi!

English Translation

Gao Yifei:	Happy birthday to you!
Xiao Zhang:	Thank you!
Ma Li:	This is my small gift for you. You were born in the Year of the Dragon; here's a jade dragon for you.
Xiao Zhang:	Oh, you're too nice! Thank you. Come on; let's eat the cake.
Ma Li:	(to Gao Yifei) Look, what's written on the cake?
Gao Yifei:	Aren't those the four characters for "Happy Birthday?"
Ma Li:	Oh, "Happy Birthday...."Xiao Zhang, may you become prettier and prettier; and younger and younger. This year you're twenty, but next year you'll be eighteen.
Liqi:	Ma Li is speaking Chinese especially fluently today.
Ma Li:	The more I drink, the more fluently I speak Chinese.
Xiao Zhang:	Ah, I understand; you mean—
Liqi:	He wants another drink.
Ma Li:	Ok. Come on, cheers!

Notes:

（一） "咱们吃蛋糕吧"

"咱们" ＝ 我（们） ＋ 你（们）

（二） "这不是'生日快乐'四个字吗"

"Aren't those the four characters for 'Happy Birthday?'"

"不是...吗" is a rhetorical question, implying *"it surely is..."*

（三）"今年二十,明年十八。"

"This year you're twenty, but next year you'll be eighteen." This alludes to a well-known advertisement which goes, *"you are getting younger and younger, more and more beautiful."*

（四）"酒喝得越多,汉语就说得越流利"

"The more I drink, the more fluently I speak Chinese."

越...越...means, "the more..., the more..." 越 is an adverb which must be placed in front of a verb or an adjective. It cannot precede the subject.

语 法 Yǔfǎ **Grammar**

V./Adj. + 得 + Predicative Complement

To further describe an action or a state, a verb or an adjective may take a verb or adjective phrase as its complement. The complement provides information concerning the manner, result, degree, or evaluation of the action or the state. 得 is used as a connector between the verb / adjective and its complement.

V. / Adj. + 得 + Predicative Complement

E.g.

　　(1) 他忙得没空吃饭。

　　(2) 昨天他来得很晚。

　　(3) 今天你穿得特别漂亮。

　　(4) 这本书写得非常有意思。

If the verb has an object, the object cannot just follow the verb, but must be placed before the complement, using one of the following patterns:

(1) V. O. + V. 得 + Predicative Complement

E.g.

　　(1) 她唱歌唱得很好听。

　　(2) 她跳舞跳得很优美。

　　(3) 他说汉语说得很流利。

(2) O. + V. 得 + Predicative Complement

E.g.

　　(1) 她歌唱得很好听。

　　(2) 她舞跳得很优美。

　　(3) 他汉语说得很流利。

Verb-Object Compounds

Some disyllabic or polysyllabic expressions are regarded as single verbs with all the syllables normally linked together, but sometimes, other elements may be inserted between the syllables. Strictly speaking, many of these compounds are not verbs but rather verb-object compounds. The following are all V-O compounds:

　　见面　请客　睡觉　唱歌　跳舞　上课　吃饭　喝酒……

For example, it seems that 见面 is a single verb, but 见 and 面 can actually be separated. 见 is the verb, while 面 is the object, and, thus, 见面 itself cannot take an object. We can say any of the following:

      (1) 我昨天跟他见面了。

      (2) 我昨天跟他见了面。

      (3) 我想跟你见一个面。

As for "跳舞", we can say:

      (1) 她跳了一个舞。

      (2) 她跳舞跳得很优美。

      (3) 她舞跳得很优美。

Or simply:

      (4) 她跳得很优美。

Words for Reference

1. 女王	(N.)	nǚ wáng	queen	
2. 总督	(N.)	zǒngdū	governor-general	總督
3. 总理	(N.)	zǒnglǐ	prime minister	總理
4. 首相	(N.)	shǒuxiàng	prime minister	
5. 省长	(N.)	shěngzhǎng	premier (of a province)	省長
6. 校长	(N.)	xiàozhǎng	principal (of a school), president (of a college or university)	校長
7. 领导	(N.)	lǐngdǎo	leader	領導
8. 打扮	(V.)	dǎban	to dress up, make-up	
9. 帅	(Adj.)	shuài	handsome	帥
10.可惜	(Adj.)	kěxī	it's a pity	
11.好玩	(Adj.)	hǎowánr	amusing, interesting	

Cultural Notes

In Chinese tradition, there are 12 zodiacal animals (shí'èr shēngxiào) to mark a cycle of 12 years. The sequence of zodiacal animals is: rat (shǔ), ox (niú), tiger (hǔ), rabbit (tù), dragon (lóng), snake (shé), horse (mǎ), sheep (yáng), monkey (hóu), rooster (jī), dog (gǒu), and pig (zhū). When a person is born in a certain year, he or she "belongs to" (shǔ) that animal. For instance, people born in 1976, 1988, 2000, and 2012 come under the dragon year; those born in 1977, 1989, 2001, and 2013 come under the snake, and so on.

The 12 zodiacal animals are:

鼠 rat (shǔ)　　牛 ox (niú)　　虎 tiger(hǔ)

兔 rabbit(tù)　　龙 dragon (lóng)　　蛇 snake (shé)

马 horse (mǎ)　　羊 sheep (yáng)　　猴 monkey(hóu)

鸡 rooster(jī)　　狗 dog (gǒu)　　猪 pig (zhū)

Dì-wǔ Kè   Wǒ Jiāxiāng de Tiānqì Bǐ Zhèr Hǎo

第五课 我家乡的天气比这儿好

Lesson Five   The Weather in My Hometown Is Better Than Here

Wǒ jiāxiāng méiyǒu zhème rè.

● 我 家乡 没有 这么 热。

It's not so hot in my hometown.

Wǒ jiāxiāng de xiàtiān bǐ zhèr liángkuai duō le.

● 我 家乡 的夏天比这儿 凉快 多了。

Summer in my hometown is much cooler than here.

Nǐ jiāxiāng de tiānqì gēn zhèr yíyàng ma?

● 你 家乡 的天气 跟 这儿 一样 吗?

Is the weather in your hometown the same as here?

Nà shíhou hěn shǎo xià yǔ, yě bù guā fēng, tiānqì hǎojí le.

● 那 时候 很 少 下 雨, 也不 刮风, 天气 好极了。

At that time, it doesn't rain much and it's not windy. The weather is very nice.

1. 热	(Adj.)	rè	hot	熱
2. 天气	(N.)	tiānqì	weather	天氣
3. 预报	(V.)	yùbào	to forecast	預報
4. 听	(V.)	tīng	to listen	聽
5. 温度	(N.)	wēndù	temperature	
6. 度	(M.W.)	dù	degree (a measure word for temperature, etc.)	
7. 家乡	(N.)	jiāxiāng	hometown	家鄉
8. 比	(Prep.)	bǐ	than	
9. 更	(Adv.)	gèng	more	
10. 夏天	(T.W.)	xiàtiān	summer	
11. 凉快	(Adj.)	liángkuai	cool	
12. 冬天	(T.W.)	dōngtiān	winter	
13. 冷	(Adj.)	ěng	cold	
14. 低	(Adj.)	dī	low	
15. 左右	(Part.)	zuǒyòu	about, around,...or so	
16. 暖气	(N.)	nuǎnqì	(central) heating	暖氣
17. 暖和	(Adj.)	nuǎnhuo	warm	

*　　　*　　　*　　　*　　　*

18. 一样	(Adj.)	yíyàng	the same	一樣
19. 差不多	(Adj.)	chàbuduō	about the same	
20. 常常	(Adv.)	chángcháng	often	
21. 滑雪	(V.O.)	huá xuě	to ski	
滑	(V.& Adj.)	huá	to slip; slippery	
雪	(N.)	xuě	snow	
22. 游泳	(V.O.)	yóu yǒng	to swim	
游	(V.)	yóu	to swim	
23. 春天	(T.W.)	chūntiān	spring	
24. 短	(Adj.)	duǎn	short	
25. 季节	(N.)	jìjié	season	季節
26. 秋天	(T.W.)	qiūtiān	autumn, fall	
27. 下雨	(V.O.)	xià yǔ	to rain	
雨	(N.)	yǔ	rain	
28. 刮风	(V.O.)	guā fēng	wind (is) blowing; (to be) windy	颳風
刮	(V.)	guā	to blow	
风	(N.)	fēng	wind	風
29. …极了		jí le	very, extremely	極了
30. 枫叶	(N.)	fēngyè	maple leaf	楓葉

31. 美丽	(Adj.)	měilì	beautiful	美麗

32. 晴天	(N.)	qíngtiān	sunny day	
33. 多云	(Adj.)	duōyún	cloudy	多雲
34. 冰	(N.)	bīng	ice	
35. 有的时候 （有时候 / 有时）		yǒudeshíhou (yǒushíhou/yǒushí)	sometimes	有的時候 （有時候 / 有時）

课 文　Kèwén　Text

（一）

(Liqi and Gao Yifei are talking about the weather of their hometowns.)

里　奇：真热[1]呀!

高一飞：热?

里　奇：你不热?

高一飞：还可以。

里　奇：今天的天气[2]预报[3]你听[4]了没有?

高一飞：听了。最高温度[5]三十一度[6]，还不是最热的时候。

里　奇：现在你家乡[7]的天气怎么样? 有这么热吗?

高一飞：比[8]这儿更[9]热。你家乡呢?

里　奇：没有这么热。我家乡的夏天[10]比这儿凉快[11]多了。

高一飞：那冬天[12]呢?

里　奇：比这儿冷[13]一点儿，最低[14]温度零下八度左右[15]。

高一飞：那么冷啊。

里　奇：不过，房间里都有暖气[16]，非常暖和[17]，一点儿也不冷。

裏　奇：真熱[1]呀！

高一飛：熱？

裏　奇：你不熱？

高一飛：還可以。

裏　奇：今天的天氣[2]預報[3]你聽[4]了沒有？

高一飛：聽了。最高溫度[5]三十一度[6]，還不是最熱的時候。

裏　奇：現在你家鄉[7]的天氣怎麼樣？有這麼熱嗎？

高一飛：比[8]這兒更[9]熱。你家鄉呢？

裏　奇：沒有這麼熱。我家鄉的夏天[10]比這兒涼快[11]多了。

高一飛：那冬天[12]呢？

裏　奇：比這兒冷[13]一點兒，最低[14]溫度零下八度左右[15]。

高一飛：那麼冷啊。

裏　奇：不過，房間裏都有暖氣[16]，非常暖和[17]，一點兒也不冷。

Lǐqí: Zhēn rè ya!

Gāo Yīfēi: Rè?

Lǐqí: Nǐ bú rè?

Gāo Yīfēi: Hái kěyǐ.

Lǐqí: Jīntiān de tiānqì yùbào nǐ tīngle méiyǒu?

Gāo Yīfēi: Tīng le. Zuì gāo wēndù sānshíyī dù, hái bú shì zuì rè de shíhou.

Lǐqí: Xiànzài nǐ jiāxiāng de tiānqì zěnmeyàng? Yǒu zhème rè ma?

Gāo Yīfēi: Bǐ zhèr gèng rè. Nǐ jiāxiāng ne?

Lǐqí: Méiyǒu zhème rè. Wǒ jiāxiāng de xiàtiān bǐ zhèr liángkuai duō le.

Gāo Yīfēi: Nà dōngtiān ne?

Lǐqí: Bǐ zhèr lěng yìdiǎnr. Zuì dī wēndù líng xià bā dù zuǒyòu.

Gāo Yīfēi: Nàme lěng a.

Lǐqí: Búguò, fángjiān li dōu yǒu nuǎnqì, fēicháng nuǎnhuo, yìdiǎnr yě bù lěng.

English Translation

Lǐqí: It's really hot!

Gao Yifei: Hot?

Lǐqí: Don't you feel hot?

Gao Yifei: It's not too bad.

Liqi: Did you hear today's weather report?

Gao Yifei: I heard. The highest temperature will be 31 degrees Celsius. It's still not the hottest time yet.

Liqi: How is the weather in your hometown now? Is it as hot as here?

Gao Yifei: It's even hotter than here. What about your hometown?

Liqi: It's not so hot. Summer in my hometown is much cooler than here.

Gao Yifei: Then how about the winter?

Liqi: It's a bit colder than here. The lowest temperature is about minus eight degrees Celsius.

Gao Yifei: It's that cold?

Liqi: But there's central heating in every room. It's very warm; not cold at all.

Notes:

（一）"还可以"

还可以 indicates that the situation is not so bad; it is still tolerable.

（二）"最高温度三十一度"

This means "*31 degrees Celsius.*" In China, the Celsius system (shèshì) of indicating temperature is used, rather than the Fahrenheit system (huáshì).

（三）"一点儿也不冷"

一点儿 (*not*) *at all* / (*not*) *a bit*, is used for emphasis in a negative sentence. Other examples: 一点儿也不漂亮 / 一点儿也不知道 / 一点儿也没吃.

（二）

(Wang Ying and Gao Yifei are talking about the weather of their hometowns.)

comparison

Wáng Yīng

王 英：你家乡的天气跟这儿一样 [18] 吗？

高一飞：差不多[19]。冬天很冷，我们常常[20]去滑雪[21]；夏天很热，

我们常常去游泳[22]。你家乡呢？

王英：我家乡的天气比这儿好。我们的冬天比这儿来得晚，

comparison

我们的春天[23]比这儿来得早。

restating

高一飞：也就是说，冬天比较短[24]。

王英：也没有这么冷。

高一飞：夏天呢？

comparison

王英：没有这么热。

高一飞：是个好地方。

王英：是啊。你最喜欢什么季节[25]？

高一飞：秋天[26]。那时候很少下雨[27]，也不刮风[28]，天气好极了[29]。

王英：我跟你一样，也喜欢秋天。那时候，我家乡的枫叶[30]

giving reasons

都红了，美丽[31]极了。

王　英：你家鄉的天氣跟這兒一樣[18]嗎？

高一飛：差不多[19]。冬天很冷，我們常常[20]去滑雪[21]；夏天很熱，

我們常常去游泳[22]。你家鄉呢？

王　英：我家鄉的天氣比這兒好。我們的冬天比這兒來得晚，

我們的春天[23]比這兒來得早。

高一飛：也就是說，冬天比較短[24]。

王　英：也沒有這麼冷。

高一飛：夏天呢？

王　英：沒有這麼熱。

高一飛：是個好地方。

王　英：是啊。你最喜歡什麼季節[25]？

高一飛：秋天[26]。那時候很少下雨[27]，也不刮風[28]，天氣好極了[29]。

王 英：我跟你一樣，也喜歡秋天。那時候，我家鄉的楓葉[30]

giving reasons

都紅了，美麗[31]極了。

Pinyin Text

Wáng Yīng:	Nǐ jiāxiāng de tiānqì gēn zhèr yíyàng ma?
Gāo Yīfēi:	Chà bu duō. Dōngtiān hěn lěng, wǒmen chángcháng qù huá xuě;
	xiàtiān hěn rè, wǒmen chángcháng qù yóu yǒng. Nǐ jiāxiāng ne?
Wáng Yīng:	Wǒ jiāxiāng de tiānqì bǐ zhèr hǎo. Wǒmen de dōngtiān bǐ zhèr lái de wǎn, wǒmen de chūntiān bǐ zhèr lái de zǎo.
Gāo Yīfēi:	Yě jiù shì shuō, dōngtiān bǐjiào duǎn.
Wáng Yīng:	Yě méiyǒu zhème lěng.
Gāo Yīfēi:	Xiàtiān ne?
Wáng Yīng:	Méiyǒu zhème rè.
Gāo Yīfēi:	Shì ge hǎo dìfang.
Wáng Yīng:	Shì a. Nǐ zuì xǐhuan shénme jìjié?
Gāo Yīfēi:	Qiūtiān. Nà shíhou hěn shǎo xiàyǔ, yě bù guā fēng, tiānqì hǎojí le.
Wáng Yīng:	Wǒ gēn nǐ yíyàng, yě xǐhuan qiūtiān. Nà shíhou, wǒ

jiāxiāng de fēngyè dōu hóng le, měilì jí le.

English Translation

Wang Ying: Is the weather in your hometown the same as here?

Gao Yifei: About the same. It's very cold in winter; we often go skiing. It's very hot in summer; we often go swimming. What about your hometown?

Wang Ying: The weather in my hometown is better than here. Our winters come later than here, and our springs come earlier than here.

Gao Yifei: That is to say, the winter is shorter.

Wang Ying: And it's not so cold, either.

Gao Yifei: What about the summer?

Wang Ying: It's not so hot.

Gao Yifei: It's a good place.

Wang Ying: Yes, it is. Which season do you like best?

Gao Yifei: Autumn. At that time, it doesn't rain much, and it's not windy. The weather is very nice.

Wang Ying: I'm the same as you; I like autumn too. At that time, the maple leaves in my hometown all turn red. It's extremely beautiful.

Notes:

（一）"很少下雨"

Here, 很少 means "*seldom*".

（二）"美丽极了"

...极了 is used in an exclamatory sentence to indicate a high degree.

语 法 Yǔfǎ **Grammar**

Comparison

There are several ways to indicate comparison:

(1) A 跟 B 一样

E.g.

他跟我一样高。He is as tall as me.

我跟你一样，也喜欢秋天。I'm the same as you. I like autumn too.

(2) A 比 B ······

This can be subdivided into the following types:

A 比 B + Adj.

E.g.

他比我高。 He is taller than me.

我家乡的天气比这儿好。

The weather in my hometown is better than here.

Attention: Logically the second example should be "我家乡的天气比这儿的天气好". But in the case with no ambiguity, the second 的天气 can be omitted. Another example is:

他的汉语比我流利。 His Chinese is more fluent than mine.

A 比 B + Adj. 一点儿

E.g.

他比我高一点儿。 He is a bit taller than me.

昨天比今天冷一点儿。It was a bit colder yesterday than today.

A 比 B + Adj. 得多 / 多了

E.g.

他比我高得多。 He is much taller than me.

我家乡的夏天比这儿凉快多了。

Summer in my hometown is much cooler than here.

Attention: If there is a big difference between the two things being compared, "A 比 B...得多"or"A 比 B...多了"should be used. The pattern "A 比 B 很 / 非常..." is not correct.

A 比 B + 更 / 还 Adj.

E.g.

他比我更高。 He is even taller than me.

我家乡比这儿还热。It is even hotter in my hometown than here.

Attention: The comparative sentence *A 比 B + 更 / 还 Adj*. means "*B is quite ... , but A is even more ...* ".

A 比 B + V+ 得 + Adj.

A +V 得 + 比 B + Adj.

E.g.

我们的冬天来得比这儿晚。/ 我们的冬天比这儿来得晚。

Winters in our hometown come later than here.

他(说汉语)说得比我好。/ 他(说汉语)比我说得好。

He speaks Chinese better than me.

(3) A 有 / 没有 B(这么 / 那么)+……

This can be subdivided into the following types:

A 有 / 没有 B(这么 / 那么)+Adj.

E.g.

昨天没有今天这么冷。It was not as cold yesterday as it is today.

今天没有昨天那么暖和。It is not as warm today as it was yesterday.

A + V.得 + 有 / 没有 B(这么 / 那么)+Adj.

A+ 有 / 没有 B + V.得 +(这么 / 那么)+Adj.

E.g.

他(说汉语)说得没有我(这么)好。

他(说汉语)没有我说得(这么)好。

He does not speak Chinese as well as me.

Words for Reference

1. 冰天雪地	bīngtiān-xuědì	world of ice and snow
2. 四季如春	sìjì-rúchūn	(it's) like spring all year
3. 四季分明	sìjì-fēnmíng	the four seasons are quite distinctive

4. 摄氏	(N.)	shèshì	Celsius, centigrade	
5. 华氏	(N.)	huáshì	Fahrenheit	華氏
6. 气温	(N.)	qìwēn	air temperature	氣溫
7. 太阳	(N.)	tàiyang	sun	太陽
8. 月亮	(N.)	yuèliang	moon	
9. 星星	(N.)	xīngxing	star	
10. 阴天	(Adj.)	yīntiān	overcast, cloudy	

Cultural Notes

In China, the climate is varied and complex, because the country's large landmass includes 5 different climate zones, namely, the sub-arctic, temperate, warm-temperate, sub-tropical, and tropical zones. The landscape is quite varied. In addition, some regions are far away from the ocean, some are coastal, and still others are influenced by seasonal winds. All of these differences contribute to the complexity of China's climate. In Heilongjiang Province in the northeast, for example, summers are short and not very hot, while winters are long and severely cold. In Taiwan, Hainan, Guangdong, Guangxi, and Yunnan Provinces in the south, there are no winters; the weather is warm and rainy, and the trees are always green. In the middle and upper reaches of the Yangtze River and all along the Huai River, it is cold in winter and hot in summer; the four seasons are distinct. In the inland areas of the northwest, it is dry all year; there are sandstorms, and there is a great difference between daytime and nighttime temperatures. On the Qinghai-Tibetan Plateau, the air is thin and the mountains are covered with snow throughout the year.

2. The following is a table of the average temperatures (℃) and number of days with precipitation in the major cities of China:

City	Jan.	Feb.	Mar.	Apr.	May	June	July	Aug.	Sept.	Oct.	Nov.	Dec.
Beijing	− 4.7 2.1	− 2.3 3.1	4.4 4.5	13.2 5.1	20.2 6.4	24.2 9.7	26.0 14.5	24.6 14.1	19.5 6.9	12.5 5.0	4.0 3.6	− 2.8 1.6
Harbin	− 19.7 6.8	− 15.4 4.9	− 5.1 6.2	6.1 6.9	14.3 10.3	20.0 12.6	22.7 16.3	21.4 13.4	14.3 12.0	5.9 7.2	− 5.8 5.4	− 15.5 5.9
Shanghai	3.3 9.0	4.6 10.2	8.3 13.1	13.8 13.5	18.8 15.0	23.2 13.1	27.9 11.4	27.8 10.0	23.8 11.6	17.9 8.4	12.6 9.1	6.2 8.6
Guangzhou	13.4 7.8	14.2 11.4	17.7 14.7	21.8 15.1	25.7 17.8	27.2 20.3	28.3 16.6	28.2 16.2	27.0 13.1	23.8 6.0	19.7 5.6	15.2 6.2
Ürümqi	− 10.6 5.8	− 9.8 5.6	− 3.8 10.6	2.7 11.4	8.4 13.1	12.9 16.2	14.7 18.9	13.5 13.9	8.6 9.2	1.9 6.8	− 5.5 7.4	− 8.7 6.5
Kunming	7.8 4.1	9.8 3.9	13.2 5.0	16.7 5.5	19.3 11.4	19.5 18.9	19.9 21.3	19.2 21.1	17.6 15.2	15.0 16.1	11.5 6.9	8.3 4.6
Taipei	10.9 17	15.7 12	18.5 14	22.3 11	25.0 14	28.8 15	30.2 22	29.5 18	28.2 12	23.5 8	20.3 4	18.3 11

冬季北国风光　大兴安岭

海南岛热带风光

农舍

田野

Dì-liù Kè　Wǒ Lǎojiā Zài Dōngběi

第六课　我老家在东北

Lesson Six　My Hometown Is in the Northeast

Wǒ jiā běibiān shì shān, nánbian shì hé.

● 我家北边 是 山， 南边　是 河。

There's a mountain on the north side of my home and a river on the south side.

Nàr yídìng hěn rènao.

● 那儿 一定 很 热闹。

It must be very lively there.

Dàgài xūyào bàn ge xiǎoshí.

● 大概 需要 半 个 小时。

It takes about half an hour.

Nǐ jiā lí hǎi yuǎn ma?

● 你家 离 海 远 吗?

Is your home far from the sea?

1. 北方	(P.W.)	běifāng	north	
2. 老家	(N.)	lǎojiā	hometown	
3. 东北	(L.W.)	dōngběi	northeast	東北
4. 农村	(N.)	nóngcūn	countryside	農村
5. 北边(北面)	(L.W.)	běibiān (běimiàn)	north side	北邊
6. 南边(南面)	(L.W.)	nánbian (nánmiàn)	south side	南邊
7. 河	(N.)	hé	river　条	
8. 空气	(N.)	kōngqì	air	空氣
9. 环境	(N.)	huánjìng	environment, surroundings	環境
10. 交通	(N.)	jiāotōng	transportation, traffic	
11. 方便	(Adj.)	fāngbiàn	convenient	
12. 一定	(Adv.)	yídìng	surely, definitely	
13. 热闹	(Adj.)	rènao	bustling with noise and excitement, lively	熱鬧
14. 东边(东面)	(L.W.)	dōngbian	east side	東邊

		(dōngmiàn)		
15.西边(西面)	(L.W.)	xībian	west side	西邊
		(xīmiàn)		
16.车水马龙		chēshuǐ-mǎlóng	heavy traffic	車水馬龍
17.多(么)	(Adv.)	duō(me)	how	
18.吵	(Adj.)	chǎo	noisy	
19.死	(V.)	sǐ	die, dead	

*   *   *   *   *

20.东部	(P.W.)	dōngbù	east 東部	
21.西部	(P.W.)	xībù	west	
22.层	(M.W.)	céng	storey	層
23.楼	(N.)	lóu	building, floor	樓
24.地下室	(N.)	dìxiàshì	basement	
25.车库	(N.)	chēkù	garage	車庫
26.院子	(N.)	yuànzi	yard	
27.树	(N.)	shù	tree	樹
28.开	(V.)	kāi	to drive, to open	開
29.需要	(V.& N.)	xūyào	to need	
30.小时	(N.)	xiǎoshí	hour	小時

31.海	(N.)	hǎi	sea	
32.海边	(P.W.)	hǎi biān	seaside	海邊
33.晚饭	(N.)	wǎnfàn	supper	晚飯
34.散步	(V.O.)	sàn bù	to take a walk	

Supplementary Words

35.南方	(L.W.)	nánfāng	south	
36.对面	(L.W.)	duìmiàn	opposite side	對面

课　文　Kèwén　Text

<h2 style="text-align:center">(一)</h2>

(Gao Yifei and Xiao Zhang are talking about their hometowns.)

高一飞：你大概是北方[1]人吧？

小 张：是啊，我老家[2]在东北[3]。

高一飞：你家在城市还是在农村[4]？

expressing location

小 张：在农村。我家北边[5]是山，南边[6]是河[7]。

compliment

高一飞：空气[8]新鲜，环境[9]优美，真是个好地方。

complaint

小 张：好什么呀！交通[10]一点儿也不方便[11]。你家也在农村吗？

高一飞：不，我家在市中心。

supposition

小 张：那儿一定[12]很热闹[13]。

高一飞：是啊，我家东边[14]、西边[15]有很多商店，还有不少饭店，

前面是马路，从早到晚，车水马龙[16]。

小 张：那多[17]好哇！

complaint

高一飞：好什么！吵[18]死[19]了！

高一飛：你大概是北方[1]人吧？

小　張：　是啊，我老家[2]在東北[3]。

高一飛：　你家在城市還是在農村[4]?

小　張：　在農村。我家北邊[5]是山，南邊[6]是河[7]。

expressing location

高一飛：　空氣[8]新鮮，環境[9]優美，眞是個好地方。

compliment

小　張：　好什麼呀！交通[10]一點兒也不方便[11]。你家也在農村嗎?

complaint

高一飛：　不，我家在市中心。

小　張：　那兒一定[12]很熱鬧[13]。

supposition

高一飛：　是啊，我家東邊[14]、西邊[15]有很多商店，還有不少飯店，

　　　　　前面是馬路，從早到晚，車水馬龍[16]。

小　張：　那多[17]好哇！

高一飛：　好什麼！吵[18]死[19]了！

complaint

Pinyin Text

Gāo Yīfēi:　　Nǐ dàgài shì běifāngrén ba?

Xiǎo Zhāng:　Shì a, wǒ lǎojiā zài dōngběi.

Gāo Yīfēi: Nǐ jiā zài chéngshì háishi zài nóngcūn?

Xiǎo Zhāng: Zài nóngcūn. Wǒ jiā běibiān shì shān, nánbian shì hé.

Gāo Yīfēi: Kōngqì xīnxiān, huánjìng yōuměi, zhēn shì ge hǎo dìfang.

Xiǎo Zhāng: Hǎo shénme ya! Jiāotōng yìdiǎnr yě bù fāngbiàn. Nǐ jiā
              yě zài nóngcūn ma?

Gāo Yīfēi: Wǒ jiā zài shì zhōngxīn.

Xiǎo Zhāng: Nàr yídìng hěn rènao.

Gāo Yīfēi: Wǒ jiā dōngbian, xībian yǒu hěn duō shāngdiàn, hái yǒu
              bù shǎo fàndiàn, qiánmiàn shì mǎlù, cóng zǎo dào wǎn,
              chēshuǐ-mǎlóng.

Xiǎo zhāng: Nà duō hǎo wa!

Gāo Yīfēi: Hǎo shénme! Chǎosǐ le!

English Translation

Gao Yifei: You're from the North, right?

Xiao Zhang: Yes. My hometown is in the Northeast.

Gao Yifei: Is your home in the city or in the countryside?

Xiao Zhang: In the countryside. There's a mountain on the north side, and
              a river on the south side of my home.

Gao Yifei: The air is fresh and the surroundings are very beautiful. It
              really is a good place.

Xiao Zhang: What's good about it? The transportation is not convenient at
              all. Is your home also in the countryside?

Gao Yifei: My home is downtown.

Xiao Zhang: It must be very lively there.

Gao Yifei: Yes; to the east and west of my home, there are many shops, and several restaurants, too. In the front is a road, with heavy traffic from morning to night.

Xiao Zhang: How great!

Gao Yifei: What's great about it? It's so noisy!

Notes:

（一）"我老家在东北"

Note that the word order in Chinese directional expressions, "东北(*northeast*)、东南(*southeast*)、西北(*northwest*)、and 西南(*southwest*)," is opposite to that in English.

（二）"好什么"

This means *"not good"* .

（三）"那多好"

How nice it is！多（么）... is an exclamatory sentence that indicates a high degree.

（四）"吵死了"

...死了 here is an exclamatory sentence that indicates a high degree.

（二）

(Li Xiaoyu, Ma Li's language partner, is chatting with Ma Li today.)

李小雨：你家在东部[20]还是西部[21]?

马　力：我家在东部。

李小雨：你家大不大？

马　力：比较大。我家是一个两层[22]小楼[23],还有一个地下室[24]。

小楼后面是一个车库[25]。

李小雨：你家有院子[26]吗？

马　力：有。我家前面是一个小院子，院子里有很多树[27]和花儿。

李小雨：从你家到学校远不远？

马　力：还可以。我每天开[28]车去学校，大概需要[29]半个小时[30]。

李小雨：你家离海[31]远吗？

马　力：不远，我常常去海边[32]。吃完晚饭[33]，我就跟 Anna 一起

去海边散步[34]。

李小雨：你女朋友也喜欢去海边？

马　力：女朋友？ 谁是我女朋友？

李小雨：Anna 不是你的女朋友吗？

马　力：不是。Anna 是我的狗。

李小雨：你家在東部[20]還是西部[21]？

馬　力：我家在東部。

李小雨：你家大不大？

馬　力：比較大。我家是一個兩層[22]小樓[23]，還有一個地下室[24]。

　　　　小樓後面是一個車庫[25]。

李小雨：你家有院子[26]嗎？

馬　力：有。我家前面是一個小院子，院子裏有很多樹[27]和花兒。

李小雨：從你家到學校遠不遠？

馬　力：還可以。我每天開[28]車去學校，大概需要[29]半個小時[30]。

李小雨：你家離海[31]遠嗎？

馬　力：不遠，我常常去海邊[32]。吃完晚飯[33]，我就跟 Anna 一起

　　　　去海邊散步[34]。

李小雨：你女朋友也喜歡去海邊？

馬　力：女朋友？誰是我女朋友？

李小雨：Anna 不是你的女朋友嗎？

馬　力：不是。Anna 是我的狗。

Lǐ Xiǎoyǔ: Nǐ jiā zài dōngbù háishi xībù?

Mǎ Lì: Wǒ jiā zài dōngbù.

Lǐ Xiǎoyǔ: Nǐ jiā dà bu dà?

Mǎ Lì: Bǐjiào dà. Wǒ jiā shì yí ge liǎng céng xiǎo lóu, hái yǒu yí
              ge dìxiàshì. Xiǎo lóu hòumian shì yí ge chēkù

Lǐ Xiǎoyǔ: Nǐ jiā yǒu yuànzi ma?

Mǎ Lì: Yǒu. Wǒ jiā qiánmian shì yí ge xiǎo yuànzi, yuànzi li yǒu
              hěn duō shù hé huār.

Lǐ Xiǎoyǔ: Cóng nǐ jiā dào xuéxiào yuǎn bu yuǎn?

Mǎ Lì: Hái kěyǐ. Wǒ měi tiān kāi chē qù xuéxiào, dàgài xūyào bàn
              ge xiǎoshí.

Lǐ xiǎoyǔ: Nǐ jiā lí hǎi yuǎn ma?

Mǎ Lì: Bù yuǎn, wǒ chángcháng qù hǎibiān. Chī wán wǎnfàn, wǒ
              jiù gēn Anna yìqǐ qù hǎibiān sàn bù.

Lǐ Xiǎoyǔ: Nǐ nǚpéngyou yě xǐhuan qù hǎibiān?

Mǎlì: Nǚpéngyou? Shuí shì wǒ nǚpéngyou?

Lǐ Xiǎoyǔ: Anna bú shì nǐ de nǚpéngyou ma?

Mǎlì: Bú shì. Anna shì wǒ de gǒu.

English Translation

Li Xiaoyu: Is your home in the east or the west?

Ma Li: My home is in the west.

Li Xiaoyu: Is your home big or not?

Ma Li: Fairly big. My home is a little two-storey building with a
              basement. Behind the building is a garage.

Li Xiaoyu: Does your home have a yard?

Ma Li: It does. In front of my house there's a small yard. In the yard there are lots of trees and flowers.

Li Xiaoyu: Is it far to go to school from your home?

Ma Li: It's not too far. I drive to school every day. It takes about half an hour.

Li Xiaoyu: Is your home far from the sea?

Ma Li: It's not far; I often go to the seaside. After dinner, Anna and I go to the seaside for a walk.

Li Xiaoyu: Your girlfriend likes to go to the seaside, too?

Ma Li: Girlfriend? Who is my girlfriend?

Li Xiaoyu: Isn't Anna your girlfriend?

Ma Li: No. Anna is my dog.

语 法 Yǔfǎ Grammar

A Summary of Prepositions

The prepositions we have learned are:

在 从 到 离 给 往 跟 为 对

A prepostion and a noun phrase together form a prepositional phrase, which is often used as an adverbial to modify a verb or an adjective. For example:

（1）你在哪儿工作？

（2）你从哪儿来？

（3）你到哪儿去？

（4）从星期一到星期五我们都上课。

（5）你家离海边远不远？

（6）请您给我买一张火车票，好吗？

（7）往前走，然后往右拐。（＝向 xiàng 前走，然后向右拐。）

（8）我明天跟朋友一起去打球。

（9）这件礼物是为你买的。

（10）他对北京很熟悉。

A Summary of Adverbs

The adverbs we have learned are:

不 没(有)　别

都 只 也 还

比较 很 非常 特别 最 更 还 有点儿

一定 可能 大概

刚 已经 再 常常 很少

就 真 多 太

Adverbs preceed verbs or adjectives and indicate negativity, range, degree, estimation, time, frequency, mood, etc. For example:

我没有时间，不想去了。/ 昨天我没有时间，没去。/ 你别去了吧。

他只会说汉语。/ 她会说汉语，他也会说汉语。/ 他们都会说汉语。/ 他会说汉语，还会说日语。

今天有点儿热。/ 今天不太热。/ 今天很热。/ 今天比较热。/ 今天非常热。/ 今天特别热。/ 今天是今年最热的一天。/

那儿常常下雨。/ 那儿很少下雨。

前面就是我家。

这儿真漂亮！/ 那多好哇！/ 太贵了！

Words for Reference

1. 东方	(N.)	dōngfāng	the East, the Orient	東方
2. 西方	(N.)	xīfāng	the West	
3. 市区	(N.)	shìqū	the city proper, urban district	
4. 郊区	(N.)	jiāoqū	suburban district, suburbs	

5. 安静	(Adj.)	ānjìng	quiet
6. 湖	(N.)	hú	lake
7. 草	(N.)	cǎo	grass
8. 森林	(N.)	sēnlín	forest
9. 沙漠	(N.)	shāmò	desert

Cultural Notes

1. The majority of the Chinese population still lives in the countryside. After the economic reform and the opening up of China to the outside world, urban trade and labour markets expanded rapidly. Many people from the countryside rushed into the cities to take advantage of all of the new opportunities. Small and medium-sized cities, and new townships have rapidly developed, resulting in a significant percentage of the rural population becoming urbanized. In coastal areas, transportation has become more convenient in the countryside and industry has rapidly developed in the towns. Farmers' living standards have quickly improved, so that the difference between city and country life has gradually lessened.

*　　　　*　　　　*　　　　*

2. Such sayings as "chēshuǐ-mǎlóng" (incessant streams of horses and carriages; heavy traffic), are "chéngyǔ," or idioms, usually formed with four characters/syllables. Some idioms are very colloquial, such as: "rénshān-rénhǎi" (people mountain, people sea; huge crowds), "huāntiān-xǐdì" (sky-high joy, earth-wide glee; wild with joy), "qīshǒu-bājiǎo" (seven hands, eight feet; everyone lending a hand), "luànqībāzāo" (seven messy, eight chaos; at sixes and sevens). Some idioms have been passed down from ancient times and actually refer to classic stories, such as "kèzhōu-qiújiàn" (making a mark on the side of one's boat to indicate the place where one's sword has dropped into the river; to take measures without considering the changing circumstances); "hújiǎ-hǔwēi" (the fox borrows the tiger's fierceness; bullying people using someone else's power); "zìxiāng-máodùn" (bragging about one's impenetrable shields and all-penetrating spears; self-contradiction), and many others.

Dì-qī Kè　Wǒ Xuéguo Bàn Nián Hànyǔ

第七课　我学过半年汉语

Lesson Seven　I Have Studied Chinese for Half a Year

Wǒ xuéle liù nián Yīngyǔ le.

● 我 学了六年 英语了。

I've been studying English for six years now.

Nǐ kàn, wǒmen yí ge xīngqī jiàn jǐ cì miàn?

● 你看，我们 一个 星期 见 几次 面?

How many times do you think we should meet each week?

Měi cì duō cháng shíjiān?

● 每次 多 长 时间?

How long each time?

Hǎo, wǒ zài shuō yí biàn.

● 好，我 再 说 一 遍。

OK. I'll say it once again.

1. 自我	(Pron.)	zìwǒ	oneself	
2. 介绍	(V.& N.)	jièshào	to introduce;	
			introduction	介紹
3. 年	(M.W.)	nián	year	
4. 专业	(N.)	zhuānyè	major, specialty	專業
5. 年级	(N.)	niánjí	grade	年級
6. 普通话		Pǔtōnghuà	Mandarin	普通話
7. 标准	(Adj.& N.)	biāozhǔn	standard, criterion	標準
8. 阅读	(N.& V.)	yuèdú	reading; to read	閱讀
9. 听力	(N.)	tīnglì	listening ability	聽力
10.口语	(N.)	kǒuyǔ	spoken language	口語
11.写作	(N. & V.)	xiězuò	writing; to write	寫作
12.母语	(N.)	mǔyǔ	mother tongue	母語
13.外国	(N.)	wàiguó	foreign country	外國
14.练习	(V. & N.)	liànxí	to practice; exercise	練習
15.清楚	(Adj.)	qīngchu	clear	

*　　　*　　　*　　　*

16.分钟	(M.W.)	fēnzhōng	minute	分鐘
17.听写	(V. & N.)	tīngxiě	to dictate; dictation	聽寫
18.句子	(N.)	jùzi	sentence	
19.遍	(M.W.)	biàn	(measure word for repetition of actions like reading, speaking, or writing)	
20.难	(Adj.)	nán	difficult	
21.容易	(Adj.)	róngyì	easy	
22.开始	(V.)	kāishǐ	to begin	
23.句	(M.W.)	jù	(measure word for sentences)	
24.慢	(Adj.)	màn	slow	
25.最后	(Adj.)	zuìhòu	final; finally, at last	最後
26.忘	(V.)	wàng	to forget	
27.种	(M.W.)	zhǒng	sort, kind	種
28.食品	(N.)	shípǐn	food	
29.努力	(Adj.)	nǔlì	diligent	
30.糊里糊涂	(Adj.)	húlihútu	muddled	

Supplementary   Words

| 31.刻钟 | (M.W.) | kèzhōng | quarter of an hour | 刻鍾 |

32.互相	(Adv.)	hùxiāng	each other	
33.谈话	(V.O.)	tán huà	to talk	談話
34.考试	(V.O. & N.)	kǎo shì	(to) test	考試

(一)

(Jack is in Beijing. He has found a language partner through a friend.)

杰　克：你好,我先自我[1]介绍[2]一下，我叫杰克，是加拿大人，

很高兴认识你。我学过半年[3]汉语，说得不太好。

陈　静：你说得不错。我也自我介绍一下，我是大学英语专业[4]一年级[5]学生，我叫陈静。我学了六年英语了，但是说得很不好。

杰　克：我听我朋友说，你普通话[6]说得很标准[7]，英语也说得非常流利。

陈　静：哪里哪里。我的英语阅读[8]还可以，听力[9]和口语[10]都不太好，写作[11]也不行。所以，我想找一位母语[12]是英语的外国[13]人，练习[14]练习听力和口语。

杰　克：太好了！我也想练习练习我的汉语听力和口语。你看，我们一个星期见几次面？

陈　静：三次吧。

杰　克：行。每次多长时间？

陈　静：每次练习两个小时英语，一个小时汉语，怎么样？

杰　克：什么？我听得不太清楚¹⁵。你是不是说，每次练习

两个小时汉语，一个小时英语？那好极了！

傑　克：你好，我先自我¹介紹²一下，我叫傑克，是加拿大人，

很高興認識你。我學過半年³漢語，説得不太好。

陳　靜：你説得不錯。我也自我介紹一下，我是大學英語專業⁴

一年級⁵學生，我叫陳靜。我學了六年英語了，但是

説得很不好。

傑　克：我聽我朋友説，你普通話⁶説得很標準⁷，英語也説得

非常流利。

陳　靜：哪裏哪裏。我的英語閱讀⁸還可以，聽力⁹和口語¹⁰都

不太好，寫作¹¹也不行。所以，我想找一位母語¹²是

英語的外國¹³人，練習¹⁴練習聽力和口語。

傑　克：太好了！我也想練習練習我的漢語聽力和口語。你看，
我們一個星期見幾次面？ *opinion*

陳　靜：三次吧。

傑　克：行。每次多長時間？

陳　靜：每次練習兩個小時英語，一個小時漢語，怎麼樣？ *opinion*

傑　克：什麼？我聽得不太清楚[15]。你是不是説，每次練習
兩個小時漢語，一個小時英語？那好極了！ *comprehension*

Pinyin Text

Jiékè: Nǐ hǎo, wǒ xiān zìwǒ jièshào yíxia, wǒ jiào Jiékè, shì Jiānádàrén, hěn gāoxìng rènshi nǐ. Wǒ xuéguo bàn nián Hànyǔ, shuō de bú tài hǎo.

Chén Jìng: Nǐ shuō de búcuò. Wǒ yě zìwǒ jièshào yíxia, wǒ shì dàxué Yīngyǔ zhuānyè yī niánjí xuésheng, wǒ jiào Chén Jìng. Wǒ xuéle liù nián Yīngyǔ le, dànshì shuō de hěn bù hǎo.

Jiékè:	Wǒ tīng wǒ péngyou shuō, nǐ Pǔtōnghuà shuō de hěn biāozhǔn, Yīngyǔ yě shuō de fēicháng liúlì.
Chén Jìng:	Nǎli nǎli. Wǒ de Yīngyǔ yuèdú hái kěyǐ, tīnglì hé kǒuyǔ dōu bú tài hǎo,xiězuò yě bù xíng. Suǒyǐ, wǒ xiǎng zhǎo yí wèi mǔyǔ shì Yīngyǔ de wàiguórén, liànxí liànxí tīnglì hékǒuyǔ.
Jiékè:	Tài hǎo le! Wǒ yě xiǎng liànxí liànxí wǒ de Hànyǔ tīnglì hé kǒuyǔ. Nǐ kàn, wǒmen yí ge xīngqī jiàn jǐ cì miàn?
Chén Jìng:	Sān cì ba.
Jiékè:	Xíng. Měi cì duō cháng shíjiān?
Chén Jìng:	Měi cì liànxí liǎng ge xiǎoshí Yīngyǔ,yī ge xiǎoshí Hànyǔ, zěnmeyàng?
Jiékè:	Shénme?Wǒ tīng de bú tài qīngchu. Nǐ shì bu shì shuō, měi cì liànxí liǎng ge xiǎoshí Hànyǔ,yí ge xiǎoshí Yīngyǔ? Nà hǎojí le!

English Translation

Jack:	Hello. Let me first introduce myself. My name is Jack. I'm Canadian, and I'm glad to meet you. I have studied Chinese for half a year, but I can't speak it very well.
Chen Jing:	You speak pretty well. Let me introduce myself as well. I am a freshman majoring in English. My name is Chen Jing. I've been studying English for six years now, but my spoken English is not good.
Jack:	I've heard from friends that your *Putonghua* is exemplary and

you speak English very fluently too.

Chen Jing: Thank you. My reading comprehension is passable, but not my listening and speaking skills; and my writing is poor. So I want to find a foreigner whose mother tongue is English to practise listening and speaking with me.

Jack: That's great! I also want to practise my Chinese listening and speaking skills. How many times do you think we should meet each week?

Chen Jing: Three times?

Jack: OK. How long each time?

Chen Jing: How about two hours of English practise and one hour of Chinese?

Jack: What? I didn't hear clearly. Did you say two hours of Chinese practise and one hour of English? That sounds great!

(二)

(In the class, the teacher dictates sentences to the students as soon as class begins.)

老　师：我们先用十分钟 [16] 时间听写 [17] 几个句子 [18]，每个句子我只说三遍 [19]。

Mǎ　Lì
马　力：难 [20] 不难?

老　师：很容易 [21]。现在开始 [22]。第一句 [23]:我们骑自行车去，我们不坐汽车去。

making a request

Mǎ　Lì
马　力：老师，您说得太快了，请您说得慢 [24] 一点儿。

老　师：好，我再说一遍:我们骑自行车去，我们不坐汽车去。

comprehension

Mǎ　Lì
马　力：什么意思? 我听得不太清楚。我们……骑汽车去?

老　师：现在我说最后 [25] 一遍:我们骑自行车去,我们不坐汽车去。

Mǎ　Lì
马　力：太难了! "自行车" 是什么?

reproach

老　师："自行车"，我们不是早就学过了吗?

Mǎ　Lì
马　力：对不起，我忘 [26] 了。那是一种 [27] 食品 [28] 吗?

reproach

老　师：你呀，太不努力 [29] 了!

Mǎ　Lì
马　力：老师,不是我不努力。昨天晚上我喝酒喝了一个多小时,現在还有点儿糊里糊涂[30]。

老　師：我們先用十分鐘[16]時間聽寫[17]幾個句子[18]，每個句子我

祇説三遍[19]。

Mǎ　Lì
馬　力：難[20]不難?

老　師：很容易[21]。現在開始[22]。第一句[23]:我們騎自行車去，我

們不坐汽車去。

Mǎ　Lì
馬　力：老師，您説得太快了，請您説得慢[24]一點兒。 _making a request_

老　師：好，我再説一遍：我們騎自行車去，我們不坐汽車去。

Mǎ　Lì
馬　力：_comprehension_ 什麼意思? 我聽得不太清楚。我們……騎汽車去?

老　師：現在我説最後[25]一遍:我們騎自行車去,我們不坐汽車去。

Mǎ　Lì
馬　力：太難了! "自行車"是什麼?

老　師：　　"自行車"，我們不是早就學過了嗎？ *reproach*

Mǎ　Lì：　　對不起，我忘[26]了。那是一種[27]食品[28]嗎？

老　師：　　你呀，太不努力[29]了！ *reproach*

Mǎ　Lì：　　老師，不是我不努力。昨天晚上我喝酒喝了一個多小時，

　　　　　　　現在還有點兒糊裏糊塗[30]。

Pinyin Text

Lǎoshī:　　Wǒmen xiān yòng shí fēnzhōng shíjiān tīngxiě jǐ ge jùzi,
　　　　　　měi ge jùzi wǒ zhǐ shuō sān biàn.

Mǎ Lì:　　Nán bu nán?

Lǎoshī:　　Hěn róngyì. Xiànzài kāishǐ. Dì-yī jù: Wǒmen qí zìxíngchē qù,
　　　　　　wǒmen bú zuò qìchē qù.

Mǎ Lì:　　Lǎoshī, nín shuō de tài kuài le, qǐng nín shuō de màn
　　　　　　yìdiǎnr.

Lǎoshī:　　Hǎo, wǒ zài shuō yí biàn: Wǒmen qí zìxíngchē qù,
　　　　　　wǒmen bú zuò qìchē qù.

Mǎ Lì:	Shénme yìsi? Wǒ tīng de bú tài qīngchu. Wǒmen ··· qí qìchēqù?
Lǎoshī:	Xiànzài wǒ shuō zuì hòu yí biàn: Wǒmen qí zìxíngchē qù, wǒmen bú zuò qìchē qù.
Mǎ Lì:	Tài nán le! "Zìxíngchē" shì shénme?
Lǎoshī:	"Zìxíngchē", wǒmen bú shì zǎo jiù xuéguo le ma?
Mǎ Lì:	Duìbuqǐ, wǒ wàng le. Nà shì yì zhǒng shípǐn ma?
Lǎoshī:	Nǐ ya, tài bù nǔlì le!
Mǎ Lì:	Lǎoshī, bú shì wǒ bù nǔlì. Zuótiān wǎnshang wǒ hē jiǔ hēle yí ge duō xiǎoshí, xiànzài hái yǒu diǎnr húlihútu.

English Translation

Teacher:	First let's spend ten minutes practicing dictation with a few sentences. I will only read each sentence three times.
Ma Li:	Is it difficult?
Teacher:	It's very easy. Now let's begin. The first sentence: "*Wǒmen qí zìxíngchē qù, wǒmen bú zuò qìchē qù*."
Ma Li:	You are speaking too quickly, sir. Could you please speak more slowly?
Teacher:	OK. I'll repeat it: "*Wǒmen qí zìxíngchē qù, wǒmen bú zuò qìchē qù*."
Ma Li:	What does it mean? I can't hear it clearly. "*Wǒmen···qí qìchē qù*?"
Teacher:	Now, I'll say it for the last time: "*Wǒmen qí zìxíngchē qù,*

wǒmen bú zuò qìchē qù."

Ma Li: It's too difficult. What is "*zìxíngchē*"?

Teacher: "*Zìxíngchē*"; we already learned it a while ago, didn't we?

Ma Li: Sorry, I forgot it. Is that a kind of food?

Teacher: You're not working hard enough!

Ma Li: Sir, it's not that I'm not working hard. Last night I was drinking for over an hour, and now I still feel muddled.

Notes:

（一）"每个句子我只说三遍"

遍 is similar to 次 in meaning. However, 遍 denotes the whole process of an action from beginning to end, and it is usually combined with 说，听，看，写，etc..

（二）"早就学过了"

早就 means "already".

语　法 Yǔfǎ **Grammar**

Expressions of Duration

一年	yì nián	a year
一个月	yí ge yuè	a month
一天	yì tiān	a day
一（个）星期	yí (ge)xīngqī	a week
一（个）小时	yí (ge)xiǎoshí	an hour
一刻钟	yí kèzhōng	a quarter of an hour

一分钟	yì fēnzhōng	a minute
半年	bàn nián	half a year
半个月	bàn ge yuè	half a month
半天	bàn tiān	half a day
半(个)星期	bàn (ge)xīngqī	half a week
半(个)小时	bàn (ge)xiǎoshí	half an hour
半分钟	bàn fēnzhōng	half a minute
一年半	yì nián bàn	a year and a half
一个半月	yí ge bàn yuè	a month and a half
一天半	yì tiān bàn	a day and a half
一个半星期	yí ge bàn xīngqī	a week and a half
一个半小时	yí ge bàn xiǎoshí	an hour and a half

There are several patterns that are used to express the duration of an action:

$$\text{V. + duration}$$

$$\text{V. O. + V. + duration}$$

E.g.

(1) 我每天工作八个小时。

(2) 我等了三个小时。

(3) 我学汉语学了半年了。

(4) 昨天晚上我喝酒喝了三个小时。

If the object of the verb is a noun, the expression of duration can be placed between the verb and the object. But if the object is a pronoun, the expression of duration must follow the object.

$$\text{V. + duration + （的） + N.}$$

$$\text{V. + Pron. + duration}$$

E.g.

(1) 我每天看三个小时（的）电视。

（2）我等了半个小时（的）公共汽车。

（3）我等了你半个小时了。

Expressions for Frequency of Action

The patterns expressing frequency of action are as follows:

$$V. + [Num.+ 次 / 遍]$$

E.g.

（1）每个句子我只说三遍。

（2）他来过一次。

There are two cases when the verb is followed by an object: if the object is a noun, the expression of frequency precedes the object; and if the object is a pronoun, the expression of frequency follows the object.

$$V. + [Num.+ 次 / 遍]+ N.$$
$$V. + Pron.+ [Num. + 次 / 遍]$$

E.g.

（1）我在他家吃过三次饭。

（2）我听了三遍录音。

（3）我去过那儿两次。

However, if the object is a proper noun (the name of a person or a place), either pattern may be used, for example:

（1）我问过两次杰克。／我问过杰克两次。

（2）我去过两次北京。／我去过北京两次。

Words for Reference

1.	国语	(N.)	guóyǔ	Mandarin	國語
2.	方言	(N.)	fāngyán	dialect	

3. 口音	(N.)	kǒuyīn	accent	
4. 翻译	(V.&N.)	fānyì	to translate; tranlation	翻譯
5. 外语	(N.)	wàiyǔ	foreign language	外語
6. 对话	(N.&V.)	duìhuà	dialogue; to converse	對話
7. 成绩	(N.)	chéngjì	score, grade, achievement	成績
8. 及格	(V.)	jígé	to pass (a test)	
9. 学分	(N.)	xuéfēn	credit	學分
10. 注册	(V.)	zhùcè	to register	

Cultural Notes

1. The traditional reply to a compliment or to words of praise is, "Nǎli, nǎli" (*No, not at all*), because it is customary to deny that one deserves the compliment. Even if one is actually in complete agreement with the compliment, one must outwardly appear very modest and insist that one still has many inadequacies. This polite, self-depreciating behaviour is called "kèqi." In modern society, the young tend not to act so modestly. They may just make a straightforward reply, like " *thank you* ," to a compliment. They may also subtly say, "Hái kěyi" (*I guess I'm all right*) , meaning " *I'm really pretty good* ."

*　　　　*　　　　*

2. The Chinese pay much attention to the learning of foreign languages. The most widely studied language is English, followed second by Japanese. English is universally taught in high schools, and in large cities, English instruction is begun even at the elementary level, continuing all the way up through university and graduate school. Foreign language courses are considered to be a standard part of the school and university curriculum.

照片：马路边的英语辅导班招生广告或英语角一景，如此之类。

Dì-bā Kè　Huǒchēpiào Mài-wán le

第八课　火车票卖完了

Lesson Eight　The Train Tickets Have Been Sold Out

Xīngqī'èr de huǒchēpiào yǐjīng mài-wán le.

● 星期二的　火车票　已经　卖完了。

The train tickets for Tuesday have been sold out.

Mǎi-dào yǐhòu qǐng nín gěi wǒmen fā　yí ge chuánzhēn.

● 买到　以后　请　您给　我们　发一个　传真。

Please send us a fax when you get the ticket.

Tā qí de hěn kuài,　yòushǒu hái názhe dōngxi.

● 他骑得　很快，　右手　还拿着　东西。

He rode very fast, with something in his right hand.

Wǒmen dōu shuāi-dǎo le.

● 我们　都　摔倒了。

We both fell down.

1. 通	(V.)	tōng	to get through, pass	
2. 推迟	(V.)	tuīchí	to postpone	推遲
3. 安排	(V. & N.)	ānpái	to arrange; arrangement	
4. 金融	(N.)	jīnróng	finance	
5. 贸易	(N.)	màoyì	trade	貿易
6. 市场	(N.)	shìchǎng	market	市場
7. 领导	(N. & V.)	lǐngdǎo	leader; to lead	領導
8. 外贸	(N.)	wàimào	foreign trade	外貿
9. 经理	(N.)	jīnglǐ	manager	經理
10. 参加	(V.)	cānjiā	to attend, take part in	參加
11. 马上	(Adv.)	mǎshàng	at once, soon	馬上
12. 传真	(N.)	chuánzhēn	fax	傳真
13. 航班	(N.)	hángbān	flight number	
14. 这样	(Pron.)	zhèyàng	like this, in this way, thus	

*　*　*　*　*

15. 警察	(N.)	jǐngchá	police, policeman	
16. 怎么回事		zěnme huí shì	what's the matter	怎麼回事
17. 撞	(V.)	zhuàng	to bump against, collide	

18. 着	(Part.)	zhe		
19. 雨衣	(N.)	yǔyī	raincoat	
20. 手	(N.)	shǒu	hand	
21. 雨伞	(N.)	yǔsǎn	umbrella	雨傘
22. 结果	(N.)	jiéguǒ	result	結果
23. 摔	(V.)	shuāi	to fall	
24. 倒	(V.)	dǎo	to fall down	
25. 坏	(Adj.)	huài	bad, broken,	壞
26. 破	(Adj.)	pò	broken	
27. 伤	(V. & N.)	shāng	to hurt; injury, wound	傷
28. 背	(N.)	bèi	back	
29. 检查	(V.)	jiǎnchá	to check	檢查
30. 身体	(N.)	shēntǐ	body, health	身體
31. 修	(V.)	xiū	to repair	
32. 上班	(V.O.)	shàng bān	to go to work	

Supplementary Words

33. 发生	(V.)	fāshēng	to happen, take place	發生
34. 事故	(N.)	shìgù	accident	

(一)

(Jack is going to leave Beijing to go somewhere to discuss a joint venture with a certain institute. Now Xiao Huang, the local who will receive him, is calling Jack to confirm the details of his journey.)

Xiǎo Huáng
小　黄：是杰克先生吗？

Jiékè
杰　克：对，是我。

Xiǎo Huáng
小　黄：我是小黄。昨天给您打了几次电话，都没打通[1]。您下

星期二到没有问题吧？

Jiékè
杰　克：看来不行了，要推迟[2]到星期三。星期二的火车票已经

卖完了。

小 黄：可是，星期三的参观活动都已经安排[3]好了。

杰 克：有些什么活动？

小 黄：上午参观金融[4]贸易[5]中心，下午去市场[6]看看，晚上我

们领导[7]请您吃饭，几家外贸[8]公司的经理[9]也参加[10]。

杰 克：那么，我不坐火车了，我坐飞机。我马上[11]去买下星期

二的飞机票。

小 黄：买到以后请您给我们发一个传真[12],告诉我们您的航班[13]。

我们去接您。

杰 克：没问题。谢谢你！

小 黄：那好，就这样[14]。再见！

小 黄：是傑克先生吗？

傑　克：對，是我。

小　黃：我是小黃。昨天給您打了幾次電話，都沒打通[1]。您下星期二到沒有問題吧？

傑　克：看來不行了，要推遲[2]到星期三。星期二的火車票已經賣完了。

小　黃：可是，星期三的參觀活動都已經安排[3]好了。

傑　克：有些什麼活動？

小　黃：上午參觀金融[4]貿易[5]中心，下午去市場[6]看看，晚上我們領導[7]請您吃飯，幾家外貿[8]公司的經理[9]也參加[10]。

傑　克：那麼，我不坐火車了，我坐飛機。我馬上[11]去買下星期二的飛機票。

小　黃：買到以後請您給我們發一個傳真[12]，告訴我們您的航班[13]。我們去接您。

傑　克：沒問題。謝謝你！

小　黄：那好，就這樣¹⁴。再見！

Pinyin Text

Xiǎo Huáng:　Shì Jiékè xiānsheng ma?

Jiékè:　　　Duì, shì wǒ .

Xiǎo Huáng:　Wǒ shì Xiǎo Huáng. Zuótiān gěi nín dǎle jǐ cì diànhuà, dōu méi dǎ-tōng. Nín xià xīngqī'èr dào méiyǒu wèntí ba?

Jiékè:　　　Kànlái bù xíng le, yào tuīchí-dào xīngqīsān. Xīngqī'èr de huǒchēpiào yǐjīng màn-wán le.

Xiǎo Huáng:　Kěshì, xīngqīsān de cānguān huódòng dōu yǐjīng ānpái-hǎo le.

Jiékè:　　　Yǒu xiē shénme huódòng?

Xiǎo Huáng:　Shàngwǔ cānguān jīnróng màoyì zhōngxīn, xiàwǔ qù shìchǎng kànkan, wǎnshang wǒmen lǐngdǎo qǐng nín chī fàn, jǐ jiā wàimào gōngsī de jīnglǐ yě cānjiā.

Jiékè:　　　Nàme, wǒ bú zuò huǒchē le, wǒ zuò fēijī. Wǒ mǎshàng qù mǎi xià xīngqī'èr de fēijīpiào.

Xiǎo Huáng:　Mǎi-dào yǐhòu qǐng nín gěi wǒmen fā yí ge chuánzhēn, gàosu wǒmen nín de hángbān. Wǒmen qù jiē nín.

Jiékè:　　　Méi wèntí. Xièxiè nǐ!

Xiǎo Huáng:　Nà hǎo, jiù zhèyàng. Zàijiàn!

Xiao Huang: Is this Jack?

Jack: Yes, it's me.

Xiao Huang: This is Xiao Huang. I called you several times yesterday, but I couldn't get through. Is it confirmed that you'll be arriving next Tuesday?

Jack: I'm afraid I won't be able to come. I have to postpone my journey until Wednesday. The train tickets for Tuesday have all been sold out.

Xiao Huang: But Wednesday's activities have already been scheduled.

Jack: What are the activities?

Xiao Huang: We will visit the finance trading centre in the morning, the markets in the afternoon, and in the evening our leader will host a banquet in your honour, which the managers of several international trading companies will also attend.

Jack: Then I won't go by train; I'll take a plane instead. I'll buy a plane ticket for next Tuesday at once.

Xiao Huang: Please send us a fax after you get the ticket to inform us of your flight number. We'll meet you at the airport.

Jack: No problem. Thank you.

Xiao Huang: OK, it's settled then. Goodbye!

Notes:

"看来不行了"

看来 denotes an air of evaluation.

（二）

(On his way to school, Liqi accidentally knocks down a pedestrian. Now a policeman arrives.)

警　察 [15]：*asking for information*
怎么回事 [16]？

行　人：他撞 [17] 了我。

警　察：你骑车的时候没看到她要过马路吗？

里　奇（Lǐqí）：我穿着 [18] 雨衣 [19]，没看清楚。

行　人：他骑得很快，右手 [20] 还拿着东西。 *description*

警　察：你过马路的时候，没看见他骑自行车过来吗？

行　人：我打着雨伞 [21]，没看清楚。

警　察：*asking for information*
结果 [22] 呢？

里奇、行人：我们都摔²³倒²⁴了。

里 奇：我的自行车摔坏²⁵了。

行 人：我的眼镜摔破²⁶了。

警 察：摔伤²⁷了没有？

行 人：不知道。背²⁸上有点儿疼。

警 察：这样吧，（to Liqi）你陪她去医院检查²⁹一下身体³⁰。

（to the pedestrian）检查完以后，你陪他去修³¹自行车。

行 人：可是，我要去上班³²……

里 奇：我要去上课……

警 察：那你们就——

里奇、行人：再见吧！

警 察¹⁵：怎麽回事¹⁶？

行　人：他撞 17 了我。

警　察：你騎車的時候沒看到她要過馬路嗎?

裏　奇：我穿着 18 雨衣 19，沒看清楚。

description

行　人：他騎得很快，右手 20 還拿着東西。

警　察：你過馬路的時候，沒看見他騎自行車過來嗎?

行　人：我打着雨傘 21，沒看清楚。

asking for information

警　察：結果 22 呢?

裏奇、行人：我們都摔 23 倒 24 了。

裏　奇：我的自行車摔壞 25 了。

行　人：我的眼鏡摔破 26 了。

警　察：摔傷 27 了沒有?

行　人：不知道。背 28 上有點兒疼。

decision

警　察：這樣吧，（to Liqi）你陪她去醫院檢查 29 一下身體 30。

（to the pedestrian）檢查完以後，你陪他去修 31 自行車。

行 人：可是，我要去上班 ³²……

裏 奇：我要去上課……

警 察：那你們就——

裏奇、行人：再見吧！

Pinyin Text

Jǐngchá: Zěnme huí shì?

Xíngrén: Tā zhuàngle wǒ.

Jǐngchá: Nǐ qí chē de shíhou méi kàn-dào tā yào guò mǎlù ma?

Lǐqí: Wǒ chuānzhe yǔyī,   méi kàn-qīngchu.

Xíngrén: Tā qí de hěn kuài,   yòushǒu hái názhe dōngxi.

Jǐngchá: Nǐ guò mǎlu de shíhou,   méi kàn-jiàn tā qí zìxíngchē guòlai ma?

Xíngrén: Wǒ dǎzhe yǔsǎn,   méi kàn-qīngchu.

Jǐngchá: Jiéguǒ ne?

Lǐqí, xíngrén: Wǒmen dōu shuāi-dǎo le.

Lǐqí:	Wǒ de zìxíngchē shuāi-huài le.
Xíngrén:	Wǒ de yǎnjìng shuāipò le.
Jǐngchá:	Shuāi-shāngle méiyǒu?
Xíngrén:	Bù zhīdao. Bèi shang yǒu diǎnr téng.
Jǐngchá:	Zhèyàng ba, (to Liqi) nǐ péi tā qù yīyuàn jiǎnchá yíxia shēntǐ. (to the pedestrian) Jiǎnchá-wán yǐhòu, nǐ péi tā qù xiū zìxíngchē.
Xíngrén:	Kěshì, wǒ yào qù shàng bān···
Lǐqí:	Wǒ yào qù shàng kè···
Jǐngchá:	Nà nǐmen jiù——
Lǐqí, xíngrén:	Zàijiàn ba!

English Translation

Policeman:	What's happened here?
Pedestrian:	He knocked me down.
Policeman:	Didn't you see her crossing the road when you were riding?
Liqi:	I couldn't see clearly because of the raincoat I was wearing.
Pedestrian:	He rode very fast with something in his right hand.
Policeman:	Didn't you see him approaching on his bike when you were crossing the road?

Pedestrian: I couldn't see clearly because I was holding an umbrella.

Policeman: What then?

Liqi and Pedestrian: We both fell down.

Liqi: My bike got broken.

Pedestrian: My glasses got broken.

Policeman: Are you injured?

Pedestrian: I don't know. My back hurts a little.

Policeman: Listen here; (to Liqi) you should accompany her to the hospital to get her back examined, (to the pedestrian) and after that, you should accompany him to repair his bike.

Pedestrian: But I have to get to work.

Liqi: And I have to get to school.

Policeman: Then you should...

Liqi and Pedestrian: Good-bye!

Notes:

（一）"你骑车的时候没看到她要过马路吗"

...的时候 means "*when* ...". Other examples: 考试的时候可以看词典吗？ / 在北京旅行的时候，他拍了很多照片。 / 我们到他家的时候，他正在吃饭。

（二）"这样吧"

这样吧 indicates a solution arising from the deliberation of a difficult situation.

语 法 Yǔfǎ **Grammar**

V. / Adj. + Resultative Complement

A verb or an adjective which is directly placed after another verb or adjective to indicate result is called a resultative complement. The combination of verb and resultative complement is very flexible, but once the V.Comple. construction is formed, its elements are bound closely together. The V.Comple. is equivalent to a verb, and it can be followed by 了, 过 and an object.

E.g.

他摔倒了。/他摔伤了。 / 衣服摔破了。 / 自行车摔坏了。

自行车摔坏了。 / 电话用坏了。 / 衣服穿坏了。/ 肚子吃坏了。

他撞倒了一个行人。 / 我没买到火车票。

The negative form is commonly "没（有）V.Comple." and the interrogative pattern is "V.Comple.了吗", "V.Comple.（了）没有" or "V.(Comple.) 没 V.Comple."

For example:

电话没打通。

你摔伤了没有？ / 你摔（伤）没摔伤？

Here are some commonly used resultative complements:

1. -完

This indicates the fulfilment of an action so that nothing remains.

（1）我说完了。

（2）票卖完了。

2. -好

This indicates the fulfilment of an action, or that the result of the action is perfect.

（1）练习还没做好。

（2）门没关好。

3. -到

This indicates the action has reached its goal up to a certain point.

（1）词典没买到。

（2）今天早上我看到他了。

（3）汽车开到学校门口。

（4）昨天上到第八课。

（5）晚上看书看到十一点。

4. -见（"看见" see、"听见" hear）

（1）这几天你看见过他吗？

（2）你说什么？我没听见。

V. + 着 *zhe*

着 attached to a verb indicates either (1) the action is in progress, or (2) the action is completed, but its consequences still linger on.
E.g.:

（1）你手里拿着什么？

（2）房间里有的人站着，有的人坐着。

（3）她穿着一件红衬衫，戴着一副眼镜。

（4）房间的门开着，可是里边没有人。

Words for Reference

1. 接（电话）	(V.)	jiē	to answer (the telephone)
2. 接待	(V.)	jiēdài	to receive (somebody)

3. 访问	(V.)	fǎngwèn	to visit	訪問
4. 开发区	(N.)	kāifāqū	newly opened area	開發區
5. 合资	(N.)	hézī	joint-venture	合資
6. 企业	(N.)	qǐyè	enterprise	企業
7. 合作	(V. & N.)	hézuò	to cooperate; cooperation	.
8. 投资	(V.)	tóuzī	to invest	投資
9. 发展	(V. & N.)	fāzhǎn	to develop; development	發展

Cultural Notes

China's economic reform and its opening-up to the outside world started in 1978. The main objectives of this reform are: to establish special economic zones and economic development zones, to expand international exchange and co-operation, and to attract foreign investment and advanced technology. The appearance of the three-capital enterprises (foreign capital enterprises, joint-venture enterprises and joint capital-cooperation enterprises) has created a positive effect on China's economic development.

Dì-jiǔ Kè Xiànzài Jiù Kěyǐ Bān-jìnqu

第九课 现在就可以搬进去

Lesson Nine   You Can Move in Right Now

Rúguǒ nǐmen xiǎng zū dehua, xiànzài jiù kěyǐ bān-jìnqu.

● 如果 你们 想 租的话，现在 就 可以搬进去。

If you want to rent it, you can move in right now.

Měi tiān zǒu-shàng zǒu-xià, tài lèi le.

● 每 天 走上 走下，太累了。

It's very tiring to walk upstairs and downstairs every day.

Zhè hétong wǒmen kěyǐ dài-huíqù kànkan ma?

● 这 合同 我们 可以带回去 看看吗?

Can we take this contract back for a look?

Máfan nín kuài diǎnr mǎi-lái zhuāng-shàngqu.

● 麻烦 您 快点儿买来 装 上去。

Please buy and install it soon.

1. 房子	(N.)	fángzi	house	
2. 出租	(V.)	chūzū	to rent out	
3. 房东	(N.)	fángdōng	landlord, owner	房東
4. 如果	(Conj.)	rúguǒ	if	
5. 租	(V.)	zū	to rent	
6. 搬	(V.)	bān	to move	
7. 楼	(M.W.)	lóu	storey, floor	樓
8. 电梯	(N.)	diàntī	elevator	電梯
9. 累	(Adj.)	lèi	tired	
10. 锻炼	(V.)	duànliàn	to exercise, do physical training	鍛煉
11. 套	(M.W.)	tào	a set of	
12. 电视机	(N.)	diànshìjī	T.V. set	台 電視機
13. 电冰箱	(N.)	diànbīngxiāng	refrigerator	台 電冰箱
14. 洗衣机	(N.)	xǐyījī	washing machine	台 洗衣機
15. 空调	(N.)	kōngtiáo	air conditioner, air-conditioning	台 空調
16. 付	(V.)	fù	to pay	

17.押金	(N.)	yājīn	deposit	
18.合同	(N.)	hétong	contract	
19.带	(V.)	dài	to take, bring, carry	

＊　　　＊　　　＊　　　＊

20.生气	(V.O. & Adj.)	shēng qì	be angry, annoyed	生氣
21.不像话		bú xiànghuà	unreasonable, too much	不像話
22.拆	(V.)	chāi	to remove	
23.师傅	(N.)	shīfu	technician, master worker	師傅
24.台	(M.W.)	tái	(measure word for appliances and machines)	
25.旧	(Adj.)	jiù	old	
26.办法	(N.)	bànfǎ	way, method	
27.只好	(Adv.)	zhǐhǎo	to have to, be forced to	
28.装	(V.)	zhuāng	to install	
29.一…就…		yī…jiù…	as soon as... , once...	
30.电器	(N.)	diànqì	electrical equipment	電器
31.送	(V.)	sòng	to send	

Supplementary Words

32.公寓	(N.)	gōngyù	apartment
33.卫生间	(N.)	wèishēngjiān	toilet, bathroom
34.厨房	(N.)	chúfáng	kitchen

课　文　Kèwén　**Text**

（一）

(Wang Ying and Zhang Yuanyuan want to rent an apartment together. Today they have found a place through an advertisement. Now they are meeting the landlord.)

Wáng Yīng
王　英：听说您的房子[1]要出租[2]?

房　东[3]：是的。如果[4]你们想租[5]的话，现在就可以搬[6]进去。

Wáng Yīng

王 英： 在几楼 [7]?

房 东： 六楼。上去看看吧？ *suggestion*

Wáng Yīng

王 英： 有没有电梯 [8]?

房 东： 没有，得走上去。

Zhāng Yuányuan

张 园园：每天走上走下，太累 [9] 了。

房 东： 没关系，还可以锻炼 [10] 身体呢！ *reassurance*

(Arriving at the sixth floor) 请进吧。

Zhāng Yuányuan

张 园园：这套 [11] 房子一个月多少钱？

房 东： 三千块。

Wáng Yīng

王 英： 太贵了！

房 东： 一点儿也不贵。你看，这套房子有两个大房间。

电视机 [12]、电冰箱 [13]、洗衣机 [14]、电话，都有。还有空调 [15]。

Zhāng Yuányuan

张 园园：要付 [16] 押金 [17] 吗？

房 东： 付一千块押金，搬出去的时候还给你。这是合同 [18]。

王 英：（_hesitation_ ēn）嗯……我们回去想想吧，明天打电话告诉你。

这合同我们可以带[19]回去看看吗？

房 东：当然可以。明天我等你们的电话。

王 英：聽説您的房子[1]要出租[2]？

房 東[3]：是的。如果[4]你們想租[5]的話，現在就可以搬[6]進去。

王 英：在幾樓[7]？

房 東：六樓。上去看看吧？（_suggestion_）

王 英：有沒有電梯[8]？

房 東：沒有，得走上去。

張 園園：每天走上走下，太累[9]了。

房 東：沒關係，還可以鍛煉[10]身體呢！（_reassurance_）

(Arriving at the sixth floor) 請進吧。

張 園園：這套[11]房子一個月多少錢？

房　東：　三千塊。

Wáng Yīng
王　英：　太貴了！

房　東：　一點兒也不貴。你看，這套房子有兩個大房間。

電視機[12]、電冰箱[13]、洗衣機[14]、電話，都有。還有空調[15]。

Zhāng Yuányuan
張　園園：　要付[16]押金[17]嗎？

房　東：　付一千塊押金，搬出去的時候還給你。這是合同[18]。

Wáng Yīng ēn
王　英：　嗯……我們回去想想吧，明天打電話告訴你。

這合同我們可以帶[19]回去看看嗎？

房　東：　當然可以。明天我等你們的電話。

Pinyin Text

Wáng Yīng:	Tīngshuō nín de fángzi yào chūzū?
Fádōng:	Shìde. Rúguǒ nǐmen xiǎng zū dehuà, xiànzài jiù kěyǐ bān jìnqu.
Wáng Yīng:	Zài jǐ lóu?
Fángdōng:	Liù lóu. Shàngqu kànkan ba?

Wáng Yīng:	yǒu méiyǒu diàntī?
Fángdōng:	Méiyǒu, děi zǒu shàngqu.
Zhāng Yuányuan:	Měi tiān zǒu-shàng zǒu-xià, tài lèi le!
Fángdōng:	Méi guānxi, hái kěyǐ duànliàn shēntǐ ne!
	(Arriving at the sixth floor.) Qǐng jìn ba.
Zhāng Yuányuan:	Zhè tào fángzi yí ge yuè duōshao qián?
Fángdōng:	Sān qiān kuài.
Wáng Yīng:	Tài guì le!
Fángdōng:	Yīdiǎnr yě bú guì. Nǐ kàn, zhè tào fángzi yǒu liǎng ge dà fángjiān. Diànshìjī, diànbīngxiāng, xǐyījī, diànhuà, dōu yǒu. Hái yǒu kōngtiáo.
Zhāng Yuányuan:	Yào fù yājīn ma?
Fángdōng:	Fù yì qiān kuài yājīn, bān chūqù de shíhou huán-gěi nǐ. Zhè shì hétong.
Wáng yīng:	Ēn…wǒmen huíqu xiǎngxiang ba, míngtiān dǎ diànhuà gàosu nǐ. Zhè Hétong wǒmen kěyǐ dài-huíqù kànkàn ma?
Fángdōng:	Dāngrán kěyǐ. Míngtiān wǒ děng nǐmen de diànhuà.

English Translation

Wang Ying:	Is it true that your apartment is for rent?
Landlord:	Yes. If you want to rent it, you can move in right now.

Wang Ying:	Which floor is it on?
Landlord:	The sixth floor. Want to go upstairs and have a look?
Wang Ying:	Is there an elevator?
Landlord:	No, there isn't. You have to walk upstairs.
Zhang Yuanyuan:	It's very tiring to walk upstairs and downstairs every day!
Landlord:	It doesn't matter; you'll get some exercise that way! (Arriving at the sixth floor) Come in, please.
Zhang Yuanyuan:	How much money will this apartment cost per month?
Landlord:	Three thousand yuan.
Wang Ying:	That's too expensive!
Landlord:	It isn't expensive at all. You see, there are two big rooms in this apartment. There is a T.V., a refrigerator, a washing machine and a telephone. And there is an air-conditioner.
Zhang Yuanyuan:	Do we have to pay a deposit?
Landlord:	You must pay a one-thousand-yuan deposit, which will be returned to you when you move out. Here is the contract.
Wang Ying:	We'll go back and think about it; we'll call and tell you tomorrow. Can we take this contract back for a look?
Landlord:	Yes, of course. I'll be waiting for your call tomorrow.

Note:

"现在就可以搬进去"

就 indicates that something happened or will happen right away. Here, it means "*at once*."

（二）

(Wang Ying and Zhang Yuanyuan have just moved into the apartment they are renting.They never thought that there would be something wrong with the air-conditioner so soon.)

Zhāng Yuányuan

张 园 园： 这么热的天，房间里没有空调，真让人生气[20]！

Wáng Yīng

王 英： 是啊，太不像话[21]了！给钱太太打个电话，看她怎么回答。

（Dials the telephone）是钱太太吗？

房 东： 是我。什么事儿？

Wáng Yīng

王 英： 空调已经拆[22]下来好几天了，修好了没有啊？

房 东： 对不起，还没修好。师傅[23]说，这台[24]空调太旧[25]了，

没办法[26]修。

Wáng Yīng
王　英： 那怎么办？

房　东： 看来只好[27]换台新的。

Zhāng Yuányuan
张　园园：(Takes the telephone)那就麻烦您快点儿买来装[28]上去。

房　东： 我一有空就[29]去买。

Zhāng Yuányuan
张　园园：您什么时候有空呢？ 我们热死了！ complaint

房　东： 这个……真不好意思，这样吧，我今天下午就去电器[30]
hesitation　apology

　　　　 商店看一下。如果能买到的话，马上就让商店送[31]过来。

Zhāng Yuányuan
張　園園：這麼熱的天，房間裏沒有空調，眞讓人生氣[20]！ complaint

Wáng Yīng
王　英： 是啊，太不像話[21]了！給錢太太打個電話，看她怎麼回答。 complaint

　　　　 （Dials the telephone）是錢太太嗎？

房　東： 是我。什麼事兒？

王　英：空調已經拆 22 下來好幾天了，修好了沒有啊？

房　東：對不起，還沒修好。師傅 23 說，這台 24 空調太舊 25 了，

　　　　沒辦法 26 修。

王　英：那怎麼辦？

房　東：看來只好 27 換台新的。

張園園：（Takes the telephone）那就麻煩您快點兒買來裝 28 上去。

房　東：我一有空就 29 去買。

張園園：您什麼時候有空呢？我們熱死了！ complaint

房　東：這個……真不好意思，這樣吧，我今天下午就去電器 30

　　　　商店看一下。如果能買到的話，馬上就讓商店送 31 過來。

hesitation　　　*apology*

Pinyin Text

Zhāng Yuányuan:　Zhème rè de tiān, fángjiān li méiyǒu kōngtiáo,
　　　　　　　　　zhēn ràng rén shēngqì!

Wáng Yīng:	Shì a, tài bú xiànghuà le! Gěi Qián tàitai dǎ ge diànhuà, kàn tā zěnme huídá.
	(dials the telephone) Shì Qián tàitai ma?
Fángdōng:	Shì wǒ. Shénme shìr?
Wáng Yīng:	Kōngtiáo yǐjīng chāi-xiàlai hǎo jǐ tiān le, xiū-hǎole méiyǒu a?
Fángdōng:	Duìbuqǐ, hái méi xiū-hǎo. Shīfu shuō, zhè tái kōngtiáo tài jiù le, méi bànfǎ xiū.
Wáng Yīng:	Nà zěnme bàn?
Fángdōng:	Kànlái zhǐhǎo huàn tái xīn de.
Zhāng Yuányuan:	(takes the telephone) Nà jiù máfan nín kuài-diǎnr mǎi-lái zhuāng-shàngqù.
Fángdōng:	Wǒ yì yǒu kòng jiù qù mǎi.
Zhāng Yuányuan:	Nín shénme shíhou yǒu kòng ne? Wǒmen rè-sǐ le!
Fángdōng:	Zhège ··· zhēn bù hǎo yìsi, zhèyàng ba, wǒ jīntiān xiàwǔ jiù qù diànqì shāngdiàn kàn-yíxià. Rúguǒ néng mǎidào dehua, mǎshàng jiù ràng shāngdiàn sòng-guòlai.

English Translation

Zhang Yuanyuan:	It's such a hot day, and there is no air conditioning in the room. It's really annoying!

Wang Ying:	Yes. It is too much! Let's call Mrs. Qian and see what she says.
	(Dials the telephone) Is that Mrs. Qian?
Landlord:	Yes. What is it?
Wang Ying:	It has already been several days since the air conditioner was removed. Has it been fixed?
Landlord:	Sorry. It hasn't been fixed yet. The technician said the air conditioner is too old; there's no way to fix it.
Wang Ying:	Then what should we do?
Landlord:	It looks like I have to buy a new one.
Zhang Yuanyuan:	(Takes the telephone) Then please buy it and install it soon.
Landlord:	I'll buy it as soon as I have some free time.
Zhang Yuanyuan:	When will you be free? We'll die from the heat!
Landlord:	How embarrassing... I'll go to the electrical appliance store to have a look this afternoon. If I can buy one then, I'll get the shop to deliver it at once.

Notes:

（一）"好几天"

quite a few days

（二）"不好意思"

"*How embarrassing* !" Here it just means "*sorry*."

V. + Directional Complement

The direction verb immdiately following the verb and indicating the direction of the action, is called the direction complement; for example:

（1）他从商店买来一台空调。

（2）这合同我们可以带回去吗？

If the verb has an object of place, the object should follow 进,出，上 ,下,etc. but preceed 来 or 去; for example:

（1）他走进房间。

（2）他走进房间来了。

（3）我们得走上楼去。

If the object is a thing, it may has three possible positions:

（1）他带了一份合同回来。

（2）他带回一份合同来。

（3）他带回来一份合同。

Words for Reference

1. 同屋	(N.)	tóngwū	roommate
2. 吵架	(V.O.)	chǎo jià	to quarrel, argue
3. 岂有此理		qǐyǒucǐlǐ	outrageous
4. 洗	(V.)	xǐ	to wash
5. 机器	(N.)	jīqì	machine	機器

6. 签	(V.)	qiān	to sign, write	簽
7. 份	(M.W.)	fèn	a set; (measure word for items like documents or dishes)	
8. 卧室	(N.)	wòshì	bedroom	
9. 客厅	(N.)	kètīng	living room	客廳

Cultural Notes

Because of China's large population, housing in the cities was inadequate for a long time. Previously, a welfare-housing allocation system (fúlì fēnfáng zhìdù) was in use, whereby organizations would provide their employees with housing in return for only a minimal amount of rent. Things are different now; employee income has been increased greatly, so the welfare-housing allocation system has been abandoned. Now, employees usually have to purchase their own residences with a subsidy from their work unit. Since the beginning of economic reforms, many commercial highrise apartment buildings have been built, so the housing situation has improved considerably.

Dì-shí Kè   Wǒ Kǒngpà Tīng-bu-dǒng

第 十 课　我 恐 怕 听 不 懂

Lesson Ten   I'm Afraid I Don't Understand

Wǒ kǒngpà tīng-bu-dǒng.

● 我 恐怕 听 不 懂。

I'm afraid I won't understand.

Piào mǎi-de-dào ma?

● 票 买 得 到 吗?

Can you buy the tickets?

Tā lèi de lián huà dōu shuō-bu-chūlai le.

● 她累得连话都 说 不出来了。

She is too tired even to speak.

Kànlái, wǒ pá-bu-dào shāndǐng le.

● 看来，我爬不到 山顶 了。

It looks like I won't make it to the top of the mountain.

1. 场	(M.W.)	chǎng	(measure word for events like movies, operas, sports matches, or rain) 場
2. 京剧	(N.)	jīngjù	Beijing Opera 场 京劇
3. 懂	(V.)	dǒng	to understand
4. 武打戏		wǔdǎ xì	acrobatic fighting drama 武打戲
武打	(N.)	wǔdǎ	acrobatic fighting
戏	(N.)	xì	drama 戲
5. 演员	(N.)	yǎnyuán	actor, actress 演員
6. 报纸	(N.)	bàozhǐ	newspaper 张 報紙
7. 挺	(Adv.)	tǐng	very
8. 有名	(Adj.)	yǒumíng	famous
9. 最好	(Adv.)	zuìhǎo	had better, it would be better
10. 座位	(N.)	zuòwèi	seat
11. 眼睛	(N.)	yǎnjing	eye
12. 放心	(V.O.)	fàng xīn	don't worry
13. 出发	(V.)	chūfā	to set off 出發
14. 赶	(V.)	gǎn	to rush for 趕

15.出租车	(N.)	chūzūchē	taxi	出租車
16.堵车	(V.O.)	dǔ chē	traffic jam	堵車

* * * * *

17.连…都/也…		lián … dōu/yě…	even	連…都/也…
18.话	(N.)	huà	speech	話
19.爬	(V.)	pá	to climb, crawl	
20.动	(V.)	dòng	to move	動
21.水	(N.)	shuǐ	water	
22.山顶	(N.)	shāndǐng	mountaintop	山頂
23.才	(Adv.)	cái	only	
24.平时	(T.W.)	píngshí	(in) normal times, (at) ordinary times, ordinarily	平時
25.运动	(N.)	yùndòng	physical exercise	運動
26.懒	(Adj.)	lǎn	lazy	懶
27.注意	(V.)	zhùyì	to pay attention to	
28.建议	(V.& N.)	jiànyì	to suggest; suggestion	建議
29.跑步		pǎo bù	to run, jog	
跑	(V.)	pǎo	to run	
30.教	(V.)	jiāo	to teach	

31. 太极拳	(N.)	tàijíquán	Taiji Boxing	太極拳
32. 安静	(Adj.)	ānjìng	quiet	
33. 地	(Part.)	de		

34. 电影	(N.)	diànyǐng	movie	场	電影
35. 杂志	(N.)	zázhì	magazine	本	雜誌

课 文 Kèwén Text

<h2 style="text-align:center">（一）</h2>

(Gao Yifei invites Wang Ying to watch a Beijing Opera.)

高一飞：今天晚上有一场[1]京剧[2]，咱们一起去看吧，怎么样？

王　英：我恐怕听不懂[3]吧。

高一飞：没关系，是武打戏[4]，你听不懂，一定看得懂。

王　英：演员[5]有名吗？

高一飞：我说不出他们的名字，不过报纸[6]上说，那些演员都挺[7]有名[8]的。

王　英：票买得到吗？

高一飞：没问题，肯定买得到。

王　英：最好[9]是前面的座位[10]。我眼睛[11]不好，坐在后面看不清楚。

高一飞：你放心[12]吧。

王　英：那好，咱们几点出发[13]？

高一飞：京剧晚上七点开始，咱们六点一刻出发吧。

王　英：半个小时赶[14]得到吗？

高一飞：赶得到。咱们坐出租车[15]去，不堵车[16]的话，一刻钟

就到了。

高一飛：今天晚上有一場[1]京劇[2]，咱們一起去看吧，怎麼樣？

王　英：我恐怕聽不懂[3]吧。

高一飛：沒關係，是武打戲[4]，你聽不懂，一定看得懂。

王　英：演員[5]有名嗎？

高一飛：我說不出他們的名字，不過報紙[6]上說，那些演員都挺[7]

有名[8]的。

王　英：票買得到嗎？

高一飛：沒問題，肯定買得到。

王　英：最好[9]是前面的座位[10]。我眼睛[11]不好，坐在後面看不

清楚。

高一飛：你放心[12]吧。

Wáng Yīng
王　英：那好，咱們幾點出發 [13]？

Gāo Yīfēi
高一飛：京劇晚上七點開始，咱們六點一刻出發吧。

Wáng Yīng
王　英：半個小時趕 [14] 得到嗎？

Gāo Yīfēi
高一飛：趕得到。咱們坐出租車 [15] 去，不堵車 [16] 的話，一刻鐘

就到了。

Pinyin Text

Gāo Yīfēi:　Jīntiān wǎnshang yǒu yì chǎng jīngjù, zánmen yìqǐ qù kàn ba, zěnmeyàng?

Wáng Yīng:　Wǒ kǒngpà tīng-bu-dǒng ba.

Gāo Yīfēi:　Méi guānxi, shì wǔdǎ xì, nǐ tīng-bu-dǒng, yídìng kàn-de-dǒng.

Wáng Yīng:　Yǎnyuán yǒumíng ma?

Gāo Yīfēi:　Wǒ shuō-bu-chū tāmen de míngzi, búguò, bàozhǐ shang shuō, nàxiē yǎnyuán dōu tǐng yǒumíng de.

Wáng Yīng: Piào mǎi-de-dào ma?

Gāo Yīfēi: Méi wèntí, kěndìng mǎi-de-dào.

Wáng Yīng: Zuìhǎo shì qiánmian de zuòwèi. Wǒ yǎnjing bù hǎo, zuò-zài hòumian kàn-bu-qīngchu

Gāo Yīfēi: Nǐ fàngxīn ba.

Wáng Yīng: Nà hǎo, zánmen jǐ diǎn chūfā?

Gāo Yīfēi: Jīngjù wǎnshang qī diǎn kāishǐ, zánmen liù diǎn yí kè chūfā ba.

Wáng Yīng: Bàn ge xiǎoshí gǎn-de-dào ma?

Gāo Yīfēi: Gǎn-de-dào. Zánmen zuò chūzūchē qù, bù dǔchē dehuà, yí kèzhōng jiù dào le.

English   Translation

Gao Yifei: There is a Beijing Opera show tonight. Let's go watch it together, all right?

Wang Ying: I'm afraid that I don't understand it.

Gao Yifei: It doesn't matter. It's an acrobatic fighting drama. Even if you don't understand the words, you can definitely understand it just by watching the action.

Wang Ying: Are the actors famous?

Gao Yifei: I can't recall their names, but according to the newspaper, they are all very famous.

Wang Ying: Can you get the tickets?

Gao Yifei: No problem, I can definitely get them.

Wang Ying: Front row seats would be best. I have poor eyesight; I won't be able to see clearly if I sit at the back.

Gao Yifei: Don't worry about it.

Wang Ying: All right then, when do we leave?

Gao Yifei: The Opera begins at seven p.m.; let's leave at a quarter past six.

Wang Ying: Can we make it there in half an hour?

Gao Yifei: Sure. Let's go by taxi; we'll get there in a quarter of an hour if there are no traffic jams.

(二)

(On the weekend Gao Yifei, Ma Li, Wang Ying, Tianzhong, Li Xiaoyu, and Xiao Zhang etc. are mountain climbing together in the countryside.)

李小雨：我……不……不行了。

田　中：看，小雨累得连 17 话 18 都说不出来了。

马　力：小雨爬 19 不动 20 了，咱们休息休息吧。 *suggestion*

李小雨：让我喝点儿水 21。……到山顶 22 还有多少路？

小　张：咱们才 23 爬了一半儿，还有一半儿。

李小雨：看来，我爬不到山顶了。你们上吧，我在山下等你们。

马　力：你呀，平时 24 运动 25 得太少。

李小雨：不是运动得太少，是事儿太多，多得做不完，哪有时间 *correcting*

运动？

马　力：不是没有时间，是太懒 26 了吧？

王　英：不能只想着工作，也要注意 27 休息。 *giving advice*

田　中：我建议 28 你以后每天早上出去跑步 29。 *suggestion*

高一飞：以后我教 30 你打太极拳 31。

李小雨：你们快走吧，让我在这儿安安静静 32 地 33 休息一会儿。

Lǐ Xiǎoyǔ
李小雨：我……不……不行了。

Tiánzhōng
田　中：看，小雨累得連 [17] 話 [18] 都説不出來了。

Mǎ　Lì
馬　力：小雨爬 [19] 不動 [20] 了，咱們休息休息吧。 *suggestion*

Lǐ Xiǎoyǔ
李小雨：讓我喝點兒水 [21]。……到山頂 [22] 還有多少路？

Xiǎo Zhāng
小　張：咱們才 [23] 爬了一半兒，還有一半兒。

Lǐ Xiǎoyǔ
李小雨：看來，我爬不到山頂了。你們上吧，我在山下等你們。

Mǎ　Lì
馬　力：你呀，平時 [24] 運動 [25] 得太少。

Lǐ Xiǎoyǔ
李小雨：不是運動得太少，是事兒太多，多得做不完，哪有時間 *correcting*

運動？

Mǎ　Lì
馬　力：不是沒有時間，是太懶 [26] 了吧？

Wáng Yīng
王　英：不能只想着工作，也要注意 [27] 休息。 *giving advice*

Tiánzhōng
田　中：我建議 [28] 你以後每天早上出去跑步 [29]。 *suggestion*

Gāo Yīfēi
高一飛：以後我教 [30] 你打太極拳 [31]。

Lǐ Xiǎoyǔ

李小雨：你們快走吧，讓我在這兒安安靜靜[32]地[33]休息一會兒。

Pinyin Text

Lǐ Xiǎoyǔ: Wǒ … bù … bùxíng le.

Tiánzhōng: Kàn, Xiǎoyǔ lèi de lián huà dōu shuō-bu-chūlái le.

Mǎ Lì: Xiǎoyǔ pá-bu-dòng le, zánmen xiūxi xiūxi ba.

Lǐ Xiǎoyǔ: Ràng wǒ hē diǎnr shuǐ…Dào shāndǐng hái yǒu duōshao lù?

Xiǎo Zhāng: Zánmen cái pále yíbànr, hái yǒu yíbànr.

Lǐ Xiǎoyǔ: Kànlái, wǒ pá-bu-dào shāndǐng le. Nǐmen shàng ba, wǒ zài shānxià děng nǐmen.

Mǎ Lì: Nǐ ya, píngshí yùndòng de tài shǎo.

Lǐ Xiǎoyǔ: Bú shì yùndòng de tài shǎo, shì shìr tài duō, duō de zuò-bu-wán, nǎ yǒu shíjiān yùndòng?

Mǎ Lì: Bú shì méiyǒu shíjiān, shì tài lǎn le ba?

Wáng Yīng: Bù néng zhǐ xiǎng zhe gōngzuò, yě yào zhùyì xiūxi.

Tiánzhōng: Yǐhòu wǒ jiànyì nǐ měi tiān zǎoshàng chūqu pǎo bù.

Gāo Yīfēi: Yǐhòu wǒ jiāo nǐ dǎ tàijíquán.

Lǐ Xiǎoyǔ: Nǐmen kuài zǒu ba, ràng wǒ zài zhèr ānān-jìngjìng de xiūxi yíhuìr.

Li Xiaoyu:　　I can't go on.

Tianzhong:　　Look， Xiaoyu is too tired even to speak.

Ma Li:　　Xiaoyu can't climb any further. Let's take a rest.

Li Xiaoyu:　　Let me drink some water. How far is it to the mountaintop?

Xiao Zhang:　We've only climbed halfway up. There's still halfway left to go.

Li Xiaoyu:　　It looks like I won't make it to the top of the mountain. You go up; I'll wait for you at the bottom of the mountain.

Ma Li:　　You ordinarily get too little exercise.

Li Xiaoyu:　　It's not that I get too little exercise; it's just that I have so many things to deal with that I can never finish them all. How would I find the time to exercise?

Ma Li:　　It's not that you don't have the time; you're just too lazy.

Wang Ying:　You can't just think of work; make sure that you also get your rest.

Tianzhong:　　I suggest that you go jogging every morning from now on.

Gao Yifei:　　I'll teach you *Taijiquan*.

Li Xiaoyu:　　You should go now. Let me rest here quietly for a while.

Notes:

（一）"连话都说不出来"

One can also say："连话也说不出来". 连…都／也…is a pattern for emphasis. Other examples: 这个问题太容易了，连孩子也能回答。／他太忙了，连饭都没有时间吃。

（二）"小雨爬不动了"

Here "V. + 得／不 + 动" means "*to have or not have strength to do something*". Another example: 我走不动了，休息休息吧.

（三）"安安静静地休息一会儿"

地 should be read "*de*" here. When disyllabic adjectives and the reduplicated forms of adjectives are used as adverials to modify a verb, 地 should be used； for example: 她非常高兴地唱了一个歌./ 她高高兴兴地唱了一个歌.

语 法　Yǔfǎ　Grammar

V. + 得/不 + Potential Complement

The inner elements of the V.Comple. pattern, when it consists of the verb and the resultative complement, or the verb and the directional complement, are inseparable. But 得／不 can be inserted in most of these to indicate potentiality. "V.得 Comple." means "*can*" and "V.不 Comple." means "*cannot*."
E.g.

(1) 他说的话我都听得懂，你说的话我都听不懂。
(2) 字写得太小，我们看不清楚。
(3) 门太小了，汽车开不进去。

The interrogative pattern is...吗, or "V.得 Comple. V.不 Comple." For example:

(1) 京剧票买得到吗？
(2) 这本书一年学得完学不完？

Attention: When indicating permission or agreement, 能 or 可以 should be used instead of the "V. 得 / 不 Comple." pattern.

E.g.

对不起，你没买票，不能进去。

A Summary of the Complements

Besides objects, various kinds of complements may follow the verb, to describe or comment on the action. Sometimes, the complement may follow the adjective to further explain the state or the degree.

1. V. + Resultative Complement：

　(1) 票<u>卖完</u>了。

　(2) 眼镜<u>摔破</u>了。

　(3) 他没<u>说清楚</u>。

2. V. + Directional Complement：

　(1) 他给我<u>带来</u>几块巧克力。

　(2) 我给他<u>带去</u>一盒茶叶。

　(3) 这台电视机是从他房间里<u>搬出来</u>的。

The inner elements of both "V. + Resultative Complement" and "V. + Directional Complement" are inseparable, almost like a word.

3. V. + 得 / 不 + Potential Complement:

　(1) 票<u>买得到</u>吗？

　(2) 我的汉语不太好，<u>说不清楚</u>。

　(3) 门关着，我们<u>进不去</u>。

　(4) 门太小，电视机太大，<u>搬不出来</u>。

This pattern is formed by inserting 得 / 不 into the structure of "V. + Resultative Complement" or "V. + Directional Complement".

4. V. + Predicative Complement：

（1）他打球打<u>得不错</u>。

（2）他球打<u>得不错</u>。

（3）他的汉语说<u>得很好</u>。

（4）他太忙了，忙<u>得没有时间吃饭</u>。

In this pattern, 得 must precede the complement. In fact, the complement is comments on the preceding verb or adjective.

5. V. + Complement of Quantity：

（1）今天比昨天冷<u>一点儿</u>。

（2）他吃饭吃了<u>一个小时</u>。

（3）这本书他已经看了<u>两遍</u>了。

The complement of quantity mainly indicates the distance, duration, or frequency of actions.

6. V. + Complement of Degree：

（1）工作了一天，我累<u>极</u>了。

（2）工作了一天，我累<u>死</u>了。

Words for Reference

1. 功夫	(N.)	gōngfu	Gongfu (martial arts)	
2. 戏剧	(N.)	xìjù	drama	戲劇
3. 表演	(N. & V.)	biǎoyǎn	performance; to perform	
4. 水平	(N.)	shuǐpíng	level	

5. 精彩	(Adj.)	jīngcǎi	wonderful		
6. 结束	(V.)	jiéshù	to finish, end	結束	
7. 景色	(N.)	jǐngsè	scenery		
8. 放弃	(V.)	fàngqì	to give up	放棄	

Cultural Notes

Dramatic opera, xìqǔ, is the traditional form of Chinese drama performed on stage. It includes Kunqu opera (Kūnqǔ), Beijing opera (Jīngjù), and many other regional and local opera forms. There are regional operas such as Shaoxing opera (Yuèjù), Cantonese opera (Yuèjù), Henan opera (Yùjù), Sichuan opera (Chuānjù), and Anhui opera (Huángméi xì). In the Northeast, there are the Yangge opera (yānggēxì), the song-and-dance duet (èrrénzhuàn), and other forms. Through over one hundred years of development, Beijing opera has evolved a special artistic style and complex performance conventions. It enjoys popularity all over the country and has had great influence upon other forms of dramatic opera.

住宅小区一角

房产广告

报纸（《人民日报》）

杂志（《妇女》）

京剧脸谱

中国太极拳

Dì-shíyī Kè Wǒ Bǎ Qiánbāo Wàng-zài Chē shang le

第 十 一 课　我 把 钱 包 忘 在 车 上 了

Lesson Eleven　I've Left My Wallet in the Car

Fù qián yǐhòu, nǐ bǎ qiánbāo fàng-zài nǎr le?

● 付 钱 以后, 你 把 钱包 放在 哪儿了?

Where did you put your wallet after paying?

Wǒ bǎ tā rēng-dào lājīxiāng li qù le.

● 我 把 它 扔到 垃圾箱里去了。

I threw it into the garbage can.

Nǐ bǎ zhè wǔ bǎi Měiyuán sòng-gěi sījī le.

● 你 把 这 五 百 美元 送给 司机了。

You've given these five hundred US dollars to the driver.

Wǒ mǎshàng bǎ qiánbāo gěi nǐmen sòng-guòlai.

● 我 马上 把 钱包 给你们 送 过来。

I'll send the wallet over to you immediately.

1. 钱包	(N.)	qiánbāo	wallet, purse	錢包
2. 丢	(V.)	diū	to lose	
3. 刚才	(T.W.)	gāngcái	just now	剛才
4. 把	(Prep.)	bǎ		
5. 放	(V.)	fàng	to put, place	
6. 糟糕	(Adj.)	zāogāo	too bad, how terrible	
7. 搞	(V.)	gǎo	to do	
8. 赶快	(Adv.)	gǎnkuài	quickly, at once	趕快
9. 记得	(V.)	jìde	to remember	記得
10.发票	(N.)	fāpiào	receipt	發票
11.觉得	(V.)	juéde	to feel, think	覺得
12.没用	(Adj.)	méiyòng	useless	
13.扔	(V.)	rēng	to throw	
14.垃圾箱		lājīxiāng	garbage can	
垃圾	(N.)	lājī	garbage	
15.美元	(N.)	Měiyuán	US dollar	

　　　　*　　　*　　　*　　　*　　　*

| 16.司机 | (N.) | sījī | driver | 司機 |

17.感谢	(V.)	gǎnxiè	to thank	感謝
18.发现	(V.)	fāxiàn	to discover, find	發現
19.乘客	(N.)	chéngkè	passenger	
20.它	(Pron.)	tā	it	
21.交	(V.)	jiāo	to hand in, give	
22.纸	(N.)	zhǐ	paper	紙
23.宾馆	(N.)	bīnguǎn	guesthouse, hotel	賓館
24.地址	(N.)	dìzhǐ	address	
25.总台	(N.)	zǒngtái	front desk, operator	
26.转	(V.)	zhuǎn	to transfer	轉
27.骂	(V.)	mà	to scold	罵
28.顿	(M.W.)	dùn	(measure word for meals, scolding, hitting)	頓
29.护照	(N.)	hùzhào	passport	護照
30.其他	(Pron.)	qítā	other	
31.证件	(N.)	zhèngjiàn	document	證件

Supplementary Words

32.口袋	(N.)	kǒudài	pocket	
33.记住		jì-zhù	to memorise	記住

课　文　Kèwén　**Text**

(一)

(After touring the city, Ma Li accompanies his parents to the hotel.)

Mǎ　Lì　Āiya
马　力：哎呀，我的钱包[1]呢？

母　亲：是不是丢[2]了？

Mǎ　Lì
马　力：不可能呀，刚才[3]下车的时候，是我付的钱，那时候钱包还在。

母　亲：付钱以后，你把[4]钱包放[5]在哪儿了？

Mǎ　Lì
马　力：糟糕[6]！我把钱包忘在座位上了。

父　亲：你怎么搞[7]的！　*reproach*

母　亲：现在怎么办？

父　亲：赶快[8]给出租车公司打电话。你还记得[9]车号吗？

Mǎ　Lì
马　力：我一点儿也想不起来了。　*remembering*

父　亲：发票[10]拿了吗？

Mǎ　Lì
马　力：我觉得[11]发票没用[12]，就把它扔[13]到垃圾箱[14]里去了。

母　亲：钱包里有多少钱？

Mǎ　Lì
马　力：大概五百美元[15]。

母　亲：你把这五百美元送给司机了。

馬　力：哎呀，我的錢包[1]呢？

母　親：是不是丟[2]了？

馬　力：不可能呀，剛才[3]下車的時候，是我付的錢，那時候

　　　　錢包還在。

母　親：付錢以後，你把[4]錢包放[5]在哪兒了？

馬　力：糟糕[6]！我把錢包忘在座位上了。

父　親：你怎麼搞[7]的！

母　親：現在怎麼辦？

父　親：趕快[8]給出租車公司打電話。你還記得[9]車號嗎？

馬　力：我一點兒也想不起來了。

父　親：發票[10]拿了嗎？

馬　力：我覺得[11]發票沒用[12]，就把它扔[13]到垃圾箱[14]裏去了。

母　親：錢包裏有多少錢？

馬　力：大概五百美元[15]。

母　親：你把這五百美元送給司機[16]了。

Pinyin Text

Mǎ Lì:　Āiya, wǒ de qiánbāo ne?

Mǔqin:　Shì bu shì diū le?

Mǎ Lì:　Bù kěnéng ya, gāngcái xià chē de shíhou, shì wǒ fù de qián, nà shíhou qiánbāo hái zài.

Mǔqin:　Fù qián yǐhòu, nǐ bǎ qiánbāo fàng-zài nǎr le?

Mǎ Lì:　Zāogāo! Wǒ bǎ qiánbāo wàng-zài zuòwèi shang le.

Fùqin:　Nǐ zěnme gǎo de!

Mǔqin:　Xiànzài zěnme bàn?

Fùqin:　Gǎnkuài gěi chūzūchē gōngsī dǎ diànhuà.　Nǐ hái jìde chēhào ma?

Mǎ Lì:　Wǒ yìdiǎnr yě xiǎng-bu-qǐlai le.

Fùqin:　Fāpiào ná le ma?

Mǎ Lì:　Wǒ juéde fāpiào méiyòng, jiù bǎ tā rēng-dào lājīxiāng li qù le.

Mǔqin:　Qiánbāo li yǒu duōshao qián?

Mǎ Lì:　Dàgài wǔ bǎi Měiyuán.

Mǔqin:　Nǐ bǎ zhè wǔ bǎi Měiyuán sòng-gěi sījī le.

Ma Li: Oh no, where's my wallet?

Mother: Is it lost?

Ma Li: Impossible. When we got off the car just now, I paid the money. At that time my wallet was still there.

Mother: Where did you put your wallet after paying?

Ma Li: Oh, how terrible! I left the wallet on the seat.

Father: How could you do that!

Mother: Now what do we do?

Father: Call the taxi company quickly. Do you still remember the taxi number?

Ma Li: I can't remember it at all.

Father: Did you get the receipt?

Ma Li: I thought the receipt was useless, so I threw it into the garbage can.

Mother: How much money is there in your wallet?

Ma Li: About five hundred US dollars.

Mother: You've given these five hundred US dollars to the driver.

Notes:

（一）"我的钱包呢？"

"Noun phrase ＋ 呢"used at the beginning of a dialogue means ...在哪儿.

（二）"是我付的钱"

This sentence is a 是... 的 structure. Here the doer 我 is emphasized. In the sentence pattern 是...的, if the verb has an object, the object is often placed after 的.

（三）"怎么搞的"

怎么搞的 bears a tone of resentment or blame.

（四）"想不起来"

想不起来 means *"can't remember"*.

（二）

(The telephone rings when the Ma Lis are feeling thoroughly frustrated.)

马力：喂，哪位？

司机：我是出租汽车司机，今天上午你们坐过我的车。你们是不是把什么东西忘在车上了？

马力：对对对，我们把钱包忘在车上了。

司机：我马上把钱包给你们送过来。

马力：哎呀，太感谢[17]您了！您是怎么发现[18]我们的钱包的？

司机：有一位乘客[19]看到了钱包，把它[20]交[21]给了我。

马力：真是一位好人。那您怎么会知道我们的电话号码呢？

司机：我们把钱包里的东西拿出来一看，发现里面有一张纸[22]，上面有你们住的宾馆[23]的名字和地址[24]。我打电话给宾馆，总台[25]就把电话转[26]到了你们房间。

马力：真是太麻烦您了。

司机：没什么。你们一定很着急吧？

马 力：可不是，刚才我妈还把我骂[27]了一顿[28]呢。钱包里有护

照[29]和其他[30]证件[31]，要是丢了就麻烦了。

馬 力：喂，哪位？

司 機：我是出租汽車司機，今天上午你們坐過我的車。你們是

不是把什麼東西忘在車上了？

馬 力：對對對，我們把錢包忘在車上了。

司 機：我馬上把錢包給你們送過來。

馬 力：哎呀，太感謝[17]您了！您是怎麼發現[18]我們的錢包的？

司 機：有一位乘客[19]看到了錢包，把它[20]交[21]給了我。

馬 力：真是一位好人。那您怎麼會知道我們的電話號碼呢？

司 機：我們把錢包里的東西拿出來一看，發現裏面有一張紙[22]，

上面有你們住的賓館[23]的名字和地址[24]。我打電話給賓館，總台[25]就把電話轉[26]到了你們房間。

馬　力：真是太麻煩您了。

司　機：沒什麼。你們一定很着急吧?

馬　力：可不是，剛才我媽還把我罵[27]了一頓[28]呢。錢包裏有護照[29]和其他[30]證件[31]，要是丟了就麻煩了。

Pinyin Text

Mǎ Lì:　Wèi, nǎ wèi?

Sījī:　Wǒ shì chūzū qìchē sījī,　jīntiān shàngwǔ nǐmen zuòguo wǒ de chē,　nǐmen shì bu shì bǎ shénme dōngxi wàng-zài chē shang le?

Mǎ Lì:　Duì duì duì, wǒmen bǎ qiánbāo wàng-zài chē shang le.

Sījī:　Wǒ mǎshàng bǎ qiánbāo gěi nǐmen sòng-guòlai.

Mǎ Lì:　Āiya,　tài gǎnxiè nín le!　Nín shì zěnme fāxiàn wǒmen de qiánbāo de?

Sījī: Yǒu yí wèi chéngkè kàn-dàole qiánbāo, bǎ tā jiāo-gěile wǒ.

Mǎ Lì: Zhēn shì yí wèi hǎorén, nà nín zěnme huì zhīdao wǒmen de diànhuà hào mǎ ne?

Sījī: Wǒmen bǎ qiánbāo li de dōngxi ná-chūlai yí kàn, fāxiàn lǐmian yǒu yì zhāng zhǐ, shàngmian yǒu nǐmen zhù de bīnguǎn de míngzi he dìzhǐ. Wǒ dǎ diànhuà gěi bīnguǎn, zǒngtái jiù bǎ diànhuà zhuǎn-dàole nǐmen fángjiān.

Mǎ Lì: Zhēnshi tài máfan nín le.

Sījī: Méi shénme. Nǐmen yídìng hěn zháojí ba?

Mǎ Lì: Kě bú shì. Gāngcái wǒ mā hái bǎ wǒ màle yí dùn ne. Qiánbāo li yǒu hùzhào hé qítā zhèngjiàn, yàoshi diūle jiù máfan le.

English Translation

Ma Li: Hello, who's this?

Driver: This is the taxi driver. This morning you took my taxi; did you leave something in my car?

Ma Li: Oh yes, we left a wallet in the car.

Driver: I'll send it over to you immediately.

Ma Li: Oh! Thank you so much! How did you find our wallet?

Driver: A passenger saw the wallet and gave it to me.

Ma Li: What a decent person! But how did you get our phone number?

Driver: We took out the contents of the wallet, and found a piece of paper on which was written the name and address of the hotel you're staying at. I called the hotel and the front desk transferred me to your room.

Ma Li: This is really very kind of you.

Driver: That's all right. You must have been very worried.

Ma Li: Yes, for sure. Just now my mother was giving me a good scolding, because there are passports and other documents in the wallet; there would have been troublesome if I had lost them.

Notes:

（一）"可不是"

可不是 means "*yes*","*of course*".

（二）"要是丢了就麻烦了"

要是 / 如果 and 就 are often used together. Other examples: 你要是没有时间,就别去了。/ 如果你不方便的话,我就不去了。

语 法 Yǔfǎ **Grammar**

The 把 bǎ Sentence

The sentence with 把... as an adverbial is called the 把(*ba*) sentence. This sentence pattern indicates that somebody does something to a definite object and the object is usually affected or changed to a certain extent.

The sentence pattern with 把 is as follows:

$$\text{S.} + \text{把 O}_{.\text{definite}} + \text{V} + \text{other elements}$$

E.g.

（1）妈妈刚才把我骂了一顿。

（2）我马上把钱包给你们送过来。

（3）你把这五百美元送给司机了。

When the verb is followed by 在.../ 给.../ 到..., the 把 sentence pattern must be used to introduce the object.

$$\text{把} + \text{O}_{.\text{definite}} + \text{V. 在 / 给 / 到} \cdots$$

E.g.

（1）他把花儿放在桌子上。

（2）他把花儿送给他女朋友。

（3）他把花儿送到女朋友家里。

When the verb is followed by a disyllabic directional complement and a place expression, the 把 sentence pattern must be used to introduce the object.

$$\text{把} + \text{O. definite} + \text{V.} + \underline{\text{Directional Comple.}} + \text{place} + \underline{\text{Directional Comple.}}$$

E.g.

（1）我们把这些东西搬上楼去吧。

（2）你不能把这些钱拿回家去。

Notice：

（1）When the verb does not denote domination or influence, the 把 sentence is not normally used. So we do not say,"我把他知道","我把他见了面".

（2）The object of 把 is definite, so instead of saying "我把一本词典买来了", we should say "我把词典买来了"/"我把那本词典买来了".

（3）Time expressions, optative verbs, or negative words should preceed 把, e.g.我昨天把那本书还给图书馆了 / 我不想把那本书还给图书馆 / 我还没有把那本书还给图书馆.

1. 卡片	(N.)	kǎpiàn	card
2. 名片	(N.)	míngpiàn	name card, visiting card
3. 保存	(V.)	bǎocún	to keep
4. 粗心	(Adj.)	cūxīn	careless
5. 心疼	(Adj.&V.)	xīnténg	to feel sorry
6. 责怪	(V.)	zéguài	to blame	責怪
7. 捡	(V.)	jiǎn	to pick up	撿
8. 表扬	(V.)	biǎoyáng	to praise	表揚

Cultural notes

A "hotel" is usually called "bīnguǎn" in Chinese. However, "xxx (dà) fàndiàn" or "xxx (dà) jiǔ diàn" may also be used. The words "fàndiàn" can mean restaurant or hotel; a restaurant is called a "fànguǎnr" in the north. Similarly, "xx jiǔ jiā" could also denote a restaurant or a hotel. Some organizations, factories, and schools may provide inexpensive and simply furnished guesthouses for their guests or visitors. These are called "zhāodàisuǒ."

*   *   *

When you visit China, you may want to remember the following handy telephone numbers:

 120: jiùhù, emergency, rescue

 119: huǒjǐng, to report a fire

 110: fěijǐng, to report a burglary

Dì-shì'èr Kè   Chà Diǎnr Bèi Qìchē Zhuàngle yíxia

第十二课　差点儿被汽车撞了一下

Lesson Twelve   I Was Nearly Knocked Down by a Car

Wǒ chà diǎnr ràng qìchē zhuàngle yíxia.

● 我 差 点儿 让 汽车 撞了 一下。

I was nearly knocked down by a car.

Zìxíngchē jiào rén tōu-zǒu le.

● 自行车 叫 人 偷走 了。

The bicycle was stolen by somebody.

Hé li de yú dōu bèi dú-sǐ le.

● 河里的 鱼 都 被毒死了。

All the fish in the river were killed by poison.

Lù liǎngbiān de shù dōu bèi kǎn-dǎo le.

● 路 两边 的树 都 被 砍倒了。

All the trees on both sides of the road were cut down.

1. 运气	(N.)	yùnqi	luck	運氣
2. 透	(Adj.)	tòu	fully, thoroughly	
3. 午饭	(N.)	wǔfàn	lunch	午飯
4. 取	(V.)	qǔ	to take, withdraw	
5. 够	(V.)	gòu	enough	
6. 顺	(Adj.)	shùn	smooth	順
7. 电脑	(N.)	diànnǎo	computer	電腦
8. 寄	(V.)	jì	to mail out	
9. 挂号信		guàhàoxìn	registered letter	挂號信
信	(N.)	xìn	letter	
10. 红绿灯		hónglǜdēng	traffic lights	紅绿燈
灯	(N.)	dēng	lamp	燈
11. 差点儿	(Adv.)	chàdiǎnr	nearly	差點兒
12. 偷	(V.)	tōu	to steal	

*　*　*　*　*

13. 倒霉	(Adj.)	dǎoméi	bad luck	
14. 污染	(N. & V.)	wūrǎn	pollution; to pollute	
15. 严重	(Adj.)	yánzhòng	serious	嚴重

16.被	(Prep.)	bèi	by
17.毒	(V.&N.&Adj.)dú		(to) poison; poisonous
18.变	(V.)	biàn	to change, become
19.清	(Adj.)	qīng	clear
20.又	(Adv.)	yòu	again
21.栽	(V.)	zāi	to plant
22.砍	(V.)	kǎn	to cut, chop
23.政府	(N.)	zhèngfǔ	government
24.随便	(Adj.)	suíbiàn	freely, carelessly, casually
25.草地	(N.)	cǎodì	lawn
26.好像	(Adv.)	hǎoxiàng	as if, it seems...
27.各种		gèzhǒng	all kinds of
28.小吃	(N.)	xiǎochī	snacks, refreshments
29.掉	(V.)	diào	to fall, drop
30.可惜	(Adj.)	kěxī	pitiful, it's a pity
31.味道	(N.)	wèidào	taste

Supplementary Words

32. 小心	(Adj.)	xiǎoxīn	careful
33. 保护	(V.)	bǎohù	to protect

（一）

"抓小偷！"

Wáng　Yīng
王　英：我今天下午运气[1]坏透[2]了！

Mǎ　Lì
马　力：怎么啦?

Wáng　Yīng
王　英：我一吃完午饭[3]，就去银行取[4]钱。

Mǎ　Lì
马　力：那很方便呀，五分钟就够[5]了。

Wáng　Yīng
王　英：方便什么呀。一开始就不顺[6]：电脑[7]坏了，等了一个多小时才拿到钱。

surprise

Mǎ Lì
马 力：是吗？有这样的事儿！

Wáng Yīng
王 英：从银行出来，我去邮局寄[8]挂号信[9]。路上骑车骑得太

快，没注意红绿灯[10]，差点儿[11]让汽车撞了一下。

Mǎ Lì
马 力：你太着急了。

Wáng Yīng
王 英：走出邮局，发现自行车不见了。

Mǎ Lì
马 力：叫人偷[12]走了？

Wáng Yīng
王 英：可不是？

sympathy

Mǎ Lì
马 力：你真倒霉[13]。

dismay

Wáng Yīng
王 英：我今天下午運氣[1]壞透[2]了！

Mǎ Lì la
馬 力：怎麼啦？

王　英：我一吃完午飯[3]，就去銀行取[4]錢。

馬　力：那很方便呀，五分鐘就夠[5]了。

王　英：方便什麼呀。一開始就不順[6]：電腦[7]壞了，等了一個多

小時才拿到錢。

馬　力：是嗎？有這樣的事兒！

王　英：從銀行出來，我去郵局寄[8]挂號信[9]。路上騎車騎得太快，

沒注意紅綠燈[10]，差點兒[11]讓汽車撞了一下。

馬　力：你太着急了。

王　英：走出郵局，發現自行車不見了。

馬　力：叫人偷[12]走了？

王　英：可不是？

马　力：你真倒霉[13]。

Pinyin Text

Wáng Yīng:	Wǒ jīntiān xiàwǔ yùnqi huài-tòu le!
Mǎ Lì:	Zěnme la?
Wáng Yīng:	Wǒ yì chī-wán wǔfàn, jiù qù yínháng qǔ qián.
Mǎ Lì:	Nà hěn fāngbiàn ya, wǔ fēnzhōng jiù gòu le.
Wáng Yīng:	Fāngbiàn shénme ya, yì kāishǐ jiù bú shùn: diànnǎo huài le, děngle yí ge duō xiǎoshí cái ná-dào qián.
Mǎ Lì:	Shì ma? Yǒu zhèyàng de shìr!
Wáng Yīng:	Cóng yínháng chūlai, wǒ qù yóujú jì guàhàoxìn. Lùshang qí chē qí de tài kuài, méi zhùyì hónglǜdēng, chàdiǎnr ràng qìchē zhuàngle yíxia.
Mǎ Lì:	Nǐ tài zháojí le.
Wáng Yīng:	Zǒu-chū yóujú, fāxiàn zìxíngchē bú jiàn le.
Mǎ Lì:	Jiào rén tōu-zǒu le?
Wáng Yīng:	Kě bú shì?
Mǎ Lì:	Nǐ zhēn dǎoméi.

English Translation

Wang Ying:	I had such bad luck this afternoon!
Ma Li:	What's the matter?
Wang Ying:	As soon as I had finished lunch, I went to the bank to withdraw money.

Ma Li:	That should have been convenient; five minutes would be enough time for it.
Wang Ying:	What do you mean, "convenient?" Things went wrong right from the beginning. The computer broke down; I had to wait for more than an hour to get the money.
Ma Li:	Really? What a thing to happen!
Wang Ying:	After I left the bank, I went to the post office to mail a registered letter. I was biking too fast on the way there to notice the traffic lights, and I was nearly knocked down by a car.
Ma Li:	You were too anxious.
Wang Ying:	When I walked out of the post office, I discovered my bike had disappeared.
Ma Li:	Was it stolen?
Wang Ying:	Yes, exactly.
Ma Li:	You were really unlucky.

Notes:

（一）"坏透了"

...透了 is an exclamatory sentence indicating a high degree.

（二）"等了一多个小时才拿到钱"

Here, 才 connotes the feeling of something happening late, slowly, or taking a long time.

（二）

(Xiao Huang accompanies Jack on a city tour. Jack has some memories of the city because he visited there several years before.)

Jiékè

杰　克：我记得几年前我来这儿的时候，这条河污染[14]很严重[15]，

河里的鱼都被[16]毒[17]死了。

Xiǎo Huáng

小　黄：现在河水变[18]清[19]了，你看，河里又[20]有鱼了。

Jiékè

杰　克：这些树都是一两年前栽[21]的吧？

Xiǎo Huáng

小　黄：是啊。你怎么知道？

Jiékè

杰　克：上次我来的时候，这儿正在修路，路两边的树都被砍²²倒了。

Xiǎo Huáng

小　黄：现在，政府²³规定不能随便²⁴砍树。

Jiékè

杰　克：那几块草地²⁵也不错。——咦，我记得那儿以前好像²⁶是 *remembering*

　　　　一些小饭店，卖各种²⁷小吃²⁸。

Xiǎo Huáng

小　黄：那些旧房子早就拆掉²⁹了。

Jiékè

杰　克：那太可惜³⁰了！我在那儿吃过几次，味道³¹不错。 *regret*

Xiǎo Huáng

小　黄：如果不拆掉那些旧房子，怎么会有这么漂亮的草地呢？

～～～～～～～～～～～～～～～～～～～～～～～～～～～～～～～～～～～～～～～

Jiékè

傑　克：我記得幾年前我來這兒的時候，這條河污染¹⁴很嚴重¹⁵， *remembering*

　　　　河裏的魚都被¹⁶毒¹⁷死了。

Xiǎo Huáng

小　黄：現在河水變¹⁸清¹⁹了，你看，河裏又²⁰有魚了。

Jiékè

傑　克：這些樹都是一兩年前栽²¹的吧？

Xiǎo Huáng

小　黄：是啊。你怎麼知道？

傑　克：上次我來的時候，這兒正在修路，路兩邊的樹都被砍[22]倒了。

小　黃：現在，政府[23]規定不能隨便[24]砍樹。

傑　克：那幾塊草地[25]也不錯。——咦，我記得那兒以前好像[26]是
一些小飯店，賣各種[27]小吃[28]。

小　黃：那些舊房子早就拆掉[29]了。

傑　克：那太可惜[30]了！我在那兒吃過幾次，味道[31]不錯。

小　黃：如果不拆掉那些舊房子，怎麼會有這麼漂亮的草地呢？

Pinyin Text

Jiékè: Wǒ jìde jǐ nián qián wǒ lái zhèr de shíhou, zhè tiáo hé wūrǎn hěn yánzhòng. Hé li de yú dōu bèi dú-sǐ le.

Xiǎo Huáng: Xiànzài héshuǐ biàn-qīng le, nǐ kàn, hé li yòu yǒu yú le.

Jiékè: Zhèxiē shù dōu shì yì liǎng nián qián zāi de ba?

Xiǎo Huáng: Shì a, nǐ zěnme zhīdao?

Jiékè: Wǒ shàng cì lái de shíhou, zhèr zhèngzài xiū lù, lù liǎngbiān de shù dōu bèi kǎn-dǎo le.

Xiǎo Huáng: Xiànzài, zhèngfǔ guīdìng bù néng suíbiàn kǎn shù.

Jiékè: Nà jǐ kuài cǎodì yě búcuò. ——Yí, wǒ jìde nàr yǐqián hǎoxiàng shì yìxiē xiǎo fàndiàn, mài gè zhǒng xiǎochī.

Xiǎo Huáng:　Nàxiē jiù fángzi zǎo jiù chāi-diào le.

Jiékè:　　　Nà tài kěxī le! wǒ zài nàr chīguo jǐ cì, wèidao búcuò.

Xiǎo Huáng:　Rúguǒ bù chāi-diào nàxiē jiù fángzi, zěnme huì yǒu zhème piàoliang de cǎodì ne?

English Translation

Jack:　　　　I remember when I came here several years ago, the river was seriously polluted. All the fish in the river were killed by poison.

Xiao Huang:　Now the river has become clean. Look; there are fish in the river again.

Jack:　　　　These trees were planted one or two years ago, weren't they?

Xiao Huang:　Yes. How did you know?

Jack:　　　　When I came last time, this road was under repair and all the trees on both sides of the road had been cut down.

Xiao Huang:　Now the government stipulates that no one can just carelessly cut down trees.

Jack:　　　　Those lawns are not bad, either.——Hey, I seem to remember there used to be some small restaurants selling all kinds of refreshments, over there.

Xiao Huang:　Those old houses were already pulled down long ago.

Jack:　　　　That's such a pity. I've eaten there several times before; the dishes tasted pretty good.

Xiao Huang:　If those old houses hadn't been pulled down, how could there be these beautiful lawns now?

Notes:

（一）"一两年前"

一两年 means 一年或者两年(*one or two years*). Other examples: 七八个, 十四五本, 三四十块.

（二）"那些旧房子早就拆掉了"

掉，used as a complement，indicates that something is no longer there. Other examples: 我把那些书都卖掉了。/ 鸟儿被猫吃掉了。

语 法 Yǔfǎ **Grammar**

The 被(bèi) Sentence

The sentence with the preposition 被 is called the 被(bèi) sentence. Its structure is:

> Receiver of the action + 被 + doer of the action + V...

E.g.

（1）我的自行车被人偷走了。

（2）眼镜被他摔破了。

Sometimes the object of 被 needs not be included. For example:

（1）河里的鱼都被毒死了。

（2）那些旧房子早就被拆掉了。

In spoken language, 被 is often replaced by 叫 or 让. But 叫 or 让 must be followed by an object.

（1）我差点儿让汽车撞了。

（2）自行车叫人偷走了。

The "*bei*" sentence is different from the English passive voice. Most of the "*bei*" sentences, especially in spoken Chinese, are used to refer to harm or hardship suffered by the subject, as shown by the above examples. Otherwise, the "*bei*" sentence pattern is not required.

E.g.

(1) 火车票买到了吗？

(2) 信已经写好了。

In the above two sentences 被 is not used.

Words for Reference

1. 街	(N.)	jiē	street	
2. 封	(M.W.)	fēng	(measure word for letters)	
3. 收到	(V.)	shōudào	to receive	
4. 幸运	(Adj.)	xìngyùn	lucky	幸運
5. 治理	(V.)	zhìlǐ	to administer, put in order	
6. 建设	(V. & N.)	jiànshè	to construct; consruction	建設
7. 发展	(V. & N.)	fāzhǎn	to develop; development	發展
8. 改善	(V.)	gǎishàn	to improve	

Cultural Notes

When China first began its economic reforms and opened its doors to the world, some regions, heedless of the consequences, recklessly pursued economic development, thus causing serious environmental pollution. In recent years, environmental protection has become a fundamental national policy. People have become much more conscious of environmental protection, devoting much attention to sustainable economic development. Because of afforestation (planting trees), prohibition of livestock grazing and fuel gathering, making farmland back into forest or grassland, addressing problems concerning rivers and lakes, the establishment of protected natural regions, allotting time for rectification, and the reorganization or closure of factories with excessive pollution within a set time frame, the natural environment in China is improving year by year. The average area of green land per person in a city is also increasing each year.

一群少年学生在植树

宣传画"我们只有一个地球"

双喜剪纸

结婚庆典

Zài Hūnlǐ Shang

在婚礼上

At the Wedding

1. 教堂	(N.)	jiàotáng	church	
2. 举行	(V.)	jǔxíng	to hold, carry out	舉行
3. 婚礼	(N.)	hūnlǐ	wedding	婚禮
4. 入乡随俗		rùxiāng–suísú	"When in Rome, do as the Romans do."	
				入鄉隨俗
5. 新娘	(N.)	xīnniáng	bride	
6. 毕业	(V.)	bìyè	to graduate	畢業
7. 新郎	(N.)	xīnláng	bridegroom	
8. 同事	(N.)	tóngshì	colleague	
9. 俩		liǎ	two	

10.谈恋爱		tán liàn'ài	to be in love (courting)	談戀愛
11.成	(V.)	chéng	to succeed	
12.同意	(V.)	tóngyì	to agree	
13.怕	(V.)	pà	to be afraid of	
14.过不惯		guò-bú-guàn	cannot get used to	過不慣
15.原因	(N.)	yuányīn	reason	
16.虎	(N.)	hǔ	tiger	
17.吵架	(V.O.)	chǎo jià	to argue, quarrel	
18.岂有此理		qǐyǒucǐlǐ	it's outrageous	
19.后来	(T.W.)	hòulái	later	後來
20.脾气	(N.)	píqi	temper	
21.认真	(Adj.)	rènzhēn	serious	認真
22.感情	(N.)	gǎnqíng	feelings	
23.确实	(Adj.)	quèshí	true, real, indeed	
24.反对	(V.)	fǎnduì	to oppose, be against	反對
25.醉	(V.)	zuì	to be drunk	
26.交杯酒	(N.)	jiāobēijiǔ	the nuptial cup of wine	

(One year later, Ma Li works in a joint-venture company. Another half year passes, and he becomes engaged to marry his colleague, Li Xiaoyu, a Chinese girl. Jack, Bai Xiaohong, and Jiang Shan have flown all the way from the other side of the ocean to attend their wedding. Ma Li's classmates from the Chinese class and his Chinese friends have also come.)

Jiāng Shān
江 山：他们怎么没去教堂[1]举行[2]婚礼[3]?

Jīn Róngnán
金容南：入乡随俗[4]嘛。

Lǐqí
里 奇：新娘[5]挺漂亮的。你认识吗?

Gāo Yìfēi
高一飞：认识，见过几次面。她姓李，也是我们学校毕业[6]的。

Lǐqí
里 奇：是吗? 我一点儿也不知道。

Bái Xiǎohóng
白小红：听说新郎[7]、新娘是同事[8]?

Tiánzhōng
田 中：对，他们俩[9]在同一个公司工作,谈恋爱[10]谈了一年多了。

Bái Xiǎohóng
白小红：听说最后差点儿没谈成¹¹？

Tiánzhōng
田　中：是啊。小李的母亲听说了这件事以后，不太同意¹²。

Zhāng Yuányuan
张园园：为什么？

Jiāng　Shān
江　山：那还用说？把女儿交给一个"老外"，能放心吗？

Zhāng Yuányuan
张园园：有什么不放心的？

Tiánzhōng
田　中：是有点不放心。怕¹³小李跟一个外国人在一起过不惯¹⁴。

Zhāng Yuányuan
张园园：已经谈了一年多了，还会有什么问题？

Tiánzhōng
田　中：还有一个原因¹⁵，小李比他大两岁。

Wáng　Yīng
王　英：大两岁有什么关系？

Tiánzhōng
田　中：你知道吗？小李属虎¹⁶，马力属龙。

Wáng　Yīng
王　英：我还是不明白。

Tiánzhōng
田　中：你学了这么长时间的汉语了，连这也不懂？

Wáng　Yīng
王　英：老师没教过。

Tiánzhōng
田　中：老人说，要是一个属虎，一个属龙，以后会吵架[17]的。

Jiékè
杰　克：岂有此理[18]！那后来[19]呢？

Tiánzhōng
田　中：见了几次面以后，他们发现，马力汉语说得很流利，

脾气[20]也很好，做事也非常认真[21]，马力跟小李的感情[22]

也确实[23]非常好。所以，她母亲就不反对[24]了。

· · · · · · · · · · · · · · · · ·

Jīn Róngnán
金容南：看，新郎、新娘走过来了。

Jiāng　Shān　Mǎ Lì
江　山：马力，今天得多喝几杯呀。

Mǎ　Lì
马　力：不行，我喝不下了，我就要喝醉[25]了。

Gāo Yìfēi
高一飞：你们俩还没喝交杯酒[26]呢！

Mǎ　Lì
马　力：好吧，最后一杯。来，我们一起干杯！

Gāo Yìfēi
高一飞：不行，不行。这是交杯酒，你只能跟新娘喝。

Mǎ Lì 、 、 ·
马 力：是吗？

Gāo Yīfēi　　Xiǎoyǔ - - · ·　· 、 - ˇ ·
高一飞：小雨知道怎么喝，让她教你吧。

～～～～～～～～～～～～～～～～～～～～～～～～～～～～～～～～～～～～～～

Jiāng Shān - · ˇ ´ ´ 、 、 ˇ ˇ ·
江　山：他們怎麽没去教堂¹舉行²婚禮³？

Jīn Róngnán 、 - - ´ ma
金容南：入鄉隨俗⁴嘛。

Lǐqí - - ´ ˇ · ˇ 、 · ·
里　奇：新娘⁵挺漂亮的。你認識嗎？

Gāo Yīfēi 、 · 、 、 ˇ 、 - 、 Lǐ ˇ 、 、 、 ·
高一飛：認識，見過幾次面。她姓李，也是我們學校畢業⁶的。

Lǐqí 、 · ˇ · ˇ · - ·
里　奇：是嗎？我一點兒也不知道。

Bái Xiǎohóng - - ´ ˇ - ´ ´
白小紅：聽説新郎⁷、新娘是同事⁸？

Tiánzhōng 、 · ˇ - · - - - · ´ 、 、 ´ · - ·
田　中：對，他們倆⁹在同一個公司工作，談戀愛¹⁰談了一年多了。

Bái Xiǎohóng - · 、 · · ´ ´
白小紅：聽説最後差點兒没談成¹¹？

Tiánzhōng 、 · ˇ Lǐ · ˇ · · 、 、 ´ 、 、
田　中：是啊。小李的母親聽説了這件事以後，不太同意¹²。

Zhāng Yuányuan 、 ´ ·
張園園：爲什麽？

Jiāng Shān
江 山：那還用説？把女兒交給一個"老外"，能放心嗎？

Zhāng Yuányuan
張園園：有什麼不放心的？

Tiánzhōng
田 中：是有點不放心。怕[13]小李跟一個外國人在一起過不慣[14]。

Zhāng Yuányuan
張園園：已經談了一年多了，還會有什麼問題？

Tiánzhōng
田 中：還有一個原因[15]，小李比他大兩歲。

Wáng Yīng
王 英：大兩歲有什麼關係？

Tiánzhōng
田 中：你知道嗎？小李屬虎[16]，馬力屬龍。

Wáng Yīng
王 英：我還是不明白。

Tiánzhōng
田 中：你學了這麼長時間的漢語了，連這也不懂？

Wáng Yīng
王 英：老師没教過。

Tiánzhōng
田 中：老人説，要是一個屬虎，一個屬龍，以後會吵架[17]的。

Jiékè
傑 克：豈有此理[18]！那後來[19]呢？

田　中：見了幾次面以後，他們發現，馬力漢語說得很流利，脾氣[20]也很好，做事也非常認真[21]，馬力跟小李的感情[22]也確實[23]非常好。所以，她母親就不反對[24]了。

....

金容南：看，新郎、新娘走過來了。

江　山：馬力，今天得多喝幾杯呀。

馬　力：不行，我喝不下了，我就要喝醉[25]了。

高一飛：你們倆還沒喝交杯酒[26]呢！

馬　力：好吧，最後一杯。來，我們一起乾杯！

高一飛：不行，不行。這是交杯酒，你只能跟新娘喝。

馬　力：是嗎？

高一飛：小雨知道怎麼喝，讓她教你吧。

Jiāng Shān:	Tāmen zěnme méi qù jiàotáng jǔxíng hūnlǐ?
Jīn Róngnán:	Rùxiāng-suísú ma.
Lǐqí:	Xīnniáng tǐng piàoliang de. Nǐ rènshi ma?
Gāo Yīfēi:	Rènshi, jiànguo jǐ cì miàn. Tā xìng Lǐ, yě shì wǒmen xuéxiào bìyè de.
Lǐqí:	Shì ma? Wǒ yìdiǎnr yě bù zhīdao.
Bái Xiǎohóng:	Tīngshuō xīnláng, xīnniáng shì tóngshì?
Tiánzhōng:	Duì, tāmen liǎ zài tóng yí ge gōngsī gōngzuò, tán liàn'ài tánle yì nián duō le.
Bái Xiǎohóng:	Tīngshuō zuìhòu chàdiǎnr méi tán-chéng?
Tiánzhōng:	Shì a. Xiǎo Lǐ de mǔqin tīngshuōle zhè jiàn shì yǐhòu, bú tài tóngyì.
Zhāng Yuányuan:	Wèi shénme?
Jiāng Shān:	Nà hái yòng shuō? Bǎ nǚ'ér jiāo-gěi yí ge "lǎo wài", néng fàngxīn ma?
Zhāng Yuányuan:	Yǒu shénme bú fàngxīn de?
Tiánzhōng:	Shì yǒudiǎnr bú fàngxīn. Pà Xiǎo Lǐ gēn yí ge wàiguórén zài yìqǐ guò-bu-guàn.
Zhāng Yuányuan:	Yǐjīng tánle yì nián duō le, hái huì yǒu shénme wèntí?
Tiánzhōng:	Hái yǒu yí ge yuányīn, Xiǎo Lǐ bǐ tā dà liǎng suì.
Wáng Yīng:	Dà liǎng suì yǒu shénme guānxi?
Tiánzhōng:	Nǐ zhīdao ma? Xiǎo Lǐ shǔ hǔ, Mǎ Lì shǔ lóng.
Wáng Yīng:	Wǒ háishì bù míngbai.
Tiánzhōng:	Nǐ xuéle zhème cháng shíjiān de Hànyǔ le, lián zhè yě bù dǒng?
Wáng Yīng:	Lǎoshī méi jiāoguo.
Tiánzhōng:	Lǎorén shuō, yàoshi yí ge shǔ hǔ, yí ge shǔ lóng,

	yǐhòu huì chǎo jià de.
Jiékè:	Qǐyǒucǐlǐ! Nà hòulái ne?
Tiánzhōng:	Jiànle jǐ cì miàn yǐhòu, tāmen fāxiàn, Mǎ Lì Hànyǔ shuō de hěn liúlì, píqi yě hěn hǎo, zuò shì yě fēicháng rènzhēn, Mǎ Lì gēn Xiǎo Lǐ de gǎnqíng yě quèshí fēicháng hǎo. Suǒyǐ, tā mǔqin jiù bù fǎnduì le.

....

Jīn Róngnán:	Kàn, xīnláng, xīnniáng zǒu-guòlai le.
Jiāng Shān:	Mǎ Lì, jīntiān děi duō hē jǐ bēi ya.
Mǎ Lì:	Bù xíng, wǒ hē-bu-xià le, wǒ jiù yào zuì le.
Gāo Yìfēi:	Nǐmen liǎ hái méi hē jiāobēijiǔ ne!
Mǎ Lì:	Hǎo ba, zuìhòu yì bēi. Lái, wǒmen yìqǐ gānbēi!
Gāo Yìfēi:	Bù xíng, bù xíng. Zhè shì jiāobēijiǔ, nǐ zhǐ néng gēn xīnniáng hē.
Mǎ Lì:	Shì ma?
Gāo Yìfēi:	Xiǎoyǔ zhīdao zěnme hē, rèng tā jiāo nǐ ba.

English Translation

Jiang Shan:	Why don't they hold the wedding in a church?
Jin Rongnan:	"When in Rome, do as the Romans do."
Liqi:	The bride is very pretty. Do you know her?
Gao Yifei:	Yes. I've met her several times. Her surname is Li; she graduated from our university, too.
Liqi:	Really? I didn't realize that at all.

Bai Xiaohong:	They say that the bridegroom and the bride are colleagues; is it true?
Tianzhong:	Yes. They work in the same company; they've been in love for more than a year.
Bai Xiaohong:	I heard they nearly didn't get together in the end.
Tianzhong:	Yes. Xiao Li's mother didn't completely agree to it when she heard about it.
Zhang Yuanyuan:	Why?
Jiang Shan:	I know; how can one be at ease, letting one's daughter marry a "foreigner"?
Zhang Yuanyuan:	What is there to worry about?
Tianzhong:	It might be a little worrying. She may be afraid that Xiao Li isn't used to living with a foreigner.
Zhang Yuanyuan:	They've been in love for more than a year already; what problems could they still have?
Tianzhong:	Another reason is that Xiao Li is two years older than him.
Wang Ying:	What does it matter that she's two years older?
Tianzhong:	Did you know that Xiao Li was born in the year of the tiger, while Ma Li was born in the year of the dragon?
Wang Ying:	I still don't get it.
Tianzng:	You've studied Chinese for such a long time, yet you still don't understand this?
Wang Ying:	The teacher didn't teach me this.
Tianzhong:	Older people say that if one is born a tiger and the other is born a dragon, the couple will quarrel.
Jieke:	It's outrageous! So what happened afterward?
Tianzhong:	After several meetings, they found out that Ma Li speaks fluent Chinese, has a good temper, and is also very serious about work. The affection between Ma Li and Xiao Li is genuine and deep. Therefore, her mother no

longer opposes their marriage.

....

Jin Rongnan:	Look, the bridegroom and the bride have come over.
Jiang Shan:	Ma Li, you must drink a few extra cups today.
Ma Li:	No, I can't drink any more.I'm almost drunk.
Gao Yifei:	You two haven't drunk the nuptial cup of wine yet!
Ma Li:	OK, the last cup. Come, let's have a toast together!
Hao Yifei:	No, no. This is the nuptial cup of wine. You can only drink it with your bride!
Ma Li:	Really?
Gao Yifei:	Xiaoyu knows how to drink it; let her teach you.

Cultural Notes

There are three major forms of wedding ceremony found around the world: the ritual wedding, the religious wedding, and the civil wedding. The ancient Chinese practised a very complicated ritual wedding. Today the marriage customs are much simpler. The main thing is applying to the local authorities for a marriage permit. After the marriage permit is issued, people will then generally distribute "happy candies" (xǐ táng) to relatives, friends, and colleagues; then there is a wedding ceremony.

There are three kinds of modern wedding ceremonies:

(1) The wedding banquet (xǐ yàn): relatives, friends, and others are invited for dinner and wedding toasts. A simple ceremony is performed during the banquet.

(2) The travel wedding (lǚxíng jiéhūn): the bride and groom go off on a trip together, and when they return, they are considered to be married. Some will have a simple ceremony before they leave on the trip.

(3) The group wedding (jítǐ jiéhūn): this kind of wedding is organized by institutions or public groups. Several pairs, or dozens of pairs of brides and grooms all take part in one wedding ceremony together.

Two Chinese Folk Songs

Mòlì Huā

茉莉花

(江苏民歌)

Jasmine Flower

(Jiangsu folk song)

Introduction

The tune "Jasmine Flower" derives from a ditty which has been popular ever since the Qing Dynasty in the regions north and south of the Yangtze River. The ditty was originally called, "Scholar Zhang Teases Maiden Yingying." Scholar Zhang and Maiden Cui Yingying are the protagonists of the famous Yuan Dynasty drama, "Romance of the West Chamber". In their pursuit of freedom in marriage, they smash the bounds of tradition, surmount all obstacles, and win true love in the end. The original song had more than ten sections, but the most popular one is the tune "Jasmine Flower" from the lower Yangtze basin. In the song, the pretty, fragrant jasmine flower is praised as a metaphor for the bitter-sweetness of love, with the contradictory sentiments of desiring the flower, yet being fearful of its keeper. As early as the late eighteenth century, this song had spread to the West. It was used by the Italian composer Puccini in his opera "Turandot." In 1979, it was recommended to UNESCO as one of the songs to be promoted in Asian countries. "Jasmine Flower" has become part of the repertoire for foreign musical groups visiting China.

好 一 朵 茉 莉 花，　　　好 一 朵 茉 莉
好 一 朵 茉 莉 花，　　　好 一 朵 茉 莉
好 一 朵 茉 莉 花，　　　好 一 朵 茉 莉

花，　满 园 花 草　香也香 不 过 它；
花，　茉 莉 花 开　雪也白 不 过 它；
花，　满 园 花 开　比也比 不 过 它；

我 有 心 采 一 朵 戴，又 怕 看 花 人
我 有 心 采 一 朵 戴，又 怕 旁 人
我 有 心 采 一 朵 戴，又 怕 来 年

将 我 骂。
笑 话。
不 发 芽。　我 有 心 采 一 朵

戴，又 怕 来 年 不 发 芽。

1. Hǎo yì duǒ mòli huā, hǎo yì duǒ mòli huā, mǎn yuán huā cǎo xiāng yě xiāng bú guò tā; Wǒ
好一朵茉莉花，好一朵茉莉花，满园花草香也香不过它；我

yǒu xīn cǎi yì duǒ dài, yòu pà kānhuārén jiāng wǒ mà.
有心采一朵戴，又怕看花人将我骂。

2. Hǎo yì duǒ mòli huā, hǎo yì duǒ mòli huā, mòli huā kāi xuě yě bái bú guó tā; Wǒ
好一朵茉莉花，好一朵茉莉花，茉莉花开雪也白不过它；我

yǒu xīn cǎi yì duǒ dài, yòu pà pángrén xiào huà.
有心采一朵戴，又怕旁人笑话。

3. Hǎo yì duǒ mòli huā, hǎo yì duǒ mòli huā, mǎn yuán huā cǎo xiāng yě xiāng bú guò tā; Wǒ
好一朵茉莉花，好一朵茉莉花，满园花草香也香不过它；我

yǒu xīn cǎi yì duǒ dài, yòu pà láinián bù fā yá. Wǒ yǒu xīn cǎi yì duǒ dài, Yòu pà lái
有心采一朵戴，又怕来年不发芽。我有心采一朵戴，又怕来

nián bù fā yá.
年不发芽。

1. What a pretty jasmine flower! What a pretty jasmine flower! None of the flowers in the garden are more fragrant than it. I'd like to pick it to wear, but I'm afraid its keeper will scold me.

2. What a pretty jasmine flower! What a pretty jasmine flower! Its pure white blossom outshines the snow. I'd like to pick it to wear, but I'm afraid people will laugh at me.

3. What a pretty jasmine flower! What a pretty jasmine flower! None of the garden's blooming flowers can compare with it. I'd like to pick it to wear, but I'm afraid it won't bud next year. I'd like to pick it to wear, but I'm afraid it won't bud next year.

Cǎo yuán Qíngge

草原情歌

(青海民歌)

Love Song on the Grasslands

(Qinghai folk song)

Introduction

"Love Song on the Grasslands" is a traditional folk song popular in Qinghai Province. The song depicts the fascinating picture of the green prairies, a flock of white sheep, a beautiful shepherd girl, and a herdsman's tent. It praises the shepherd girl's beautiful appearance, using lovely similes such as: "Her little pink face looks like the red sun, and her beautiful, charming eyes look like the radiant and enchanting moon." The affectionate young herdsman shows his passion for the girl: "I'd give up all I have, and tend the sheep with her," "I'd like to become a little lamb beside her, and I'd wish her to keep tapping me gently with her tiny whip". The young man's protestations of love are passionate and sincere, lively and delightful, and profound and witty. This folk song is melodious, sweet, and strongly appealing. It is much beloved, and it has become part of many singers' regular repertoire.

徐缓 优美抒情地

在那遥远的 地 方， 有 位 好 姑 娘，
她那粉红的 小 脸， 好 像 红 太 阳，
我愿抛弃了 财 产， 跟 她 去 放 羊，
我愿做一只 小 羊， 跟 在 她 身 旁，

人们 走过了 她的 帐房， 都要回头 留恋地张 望。
她那 美丽 动人的眼睛， 好像晚上 明媚的月 亮。
每天 看着那 粉红的笑脸， 和那美丽 金边的衣 裳。
我愿 她拿着 细细的皮鞭， 不断 轻轻 打在我身 上。

Zài nà yáoyuǎn di dìfang,　　yǒu wèi hǎo gūniang,　　Rénmen zǒuguò le tā di zhàngfáng,　dōu yào

1. 在那遥远的地方，有位好姑娘，人们走过了她的帐房，都要

huí tóu liúliàn di zhāngwàng.

回头留恋地张望。

Tā na fěnhóng di xiǎo liǎn,　hǎoxiàng hóng tàiyáng,　Tā nà　měilì dòngrén di yǎnjing,　hǎo xiàng

2. 她那粉红的小脸，好像 红太阳，她那美丽动人的眼睛，好像

wǎnshang míngmèi di yuèliang.

晚上 明媚的月亮。

wǒ yuàn pāoqì le cái chǎn,　gēn tā qù fàng yáng,　Měi tiān kànzhe nà fěnhóng di xiàoliǎn,　hē

3. 我愿抛弃了财产，跟她去放羊，每天看着那粉红的笑脸，和

nà měilì jīnbiān di yīshang.

那美丽金边的衣裳。

Wǒ yuàn zuò yī zhī xiǎoyáng,　gēn zài tā shēnpáng,　Wǒ yuàn tā názhe　xìxì di píbiān,　bú

4. 我愿做一只小羊，跟在她身旁，我愿她拿着细细的皮鞭，不

duàn qīngqīng dǎ zài wǒ shēnshàng.

断轻轻打在我身上。

1. In a faraway place, there is a pretty girl. Passing by her tent, people crane their necks and look back with yearning.

2. Her little, pink face looks like the red sun, and her beautiful and charming eyes look like the radiant and enchanting moon.

3. I'd like to give up all I have, and tend sheep with her. Every day I'd look at that pink smiling face and that beautiful dress with golden lace.

4. I'd like to become a little lamb beside her, and I'd wish her to keep tapping me gently with her tiny whip.

The number after the word represents the ordinal number of the text.

20.	bīnguǎn	宾馆	(N.)	guesthouse, hotel	賓館	11
21.	bīng	冰	(N.)	ice		5
22.	bìng	病	(V.&N.)	to be ill; sickness		2
23.	bówùguǎn	博物馆	(N.)	museum	博物館	3

24. Bú dào Chángchéng fēi hǎohàn　不到长城非好汉

　　　　You're not a true man if you haven't conquered the Great Wall.

不到長城非好漢　1

25.	bú xiànghuà	不像话		unreasonable, too much	不像話	9
26.	búcuò	不错	(Adj.)	not bad, pretty good	不錯	3
27.	búguò	不过	(Conj.)	but	不過	2
28.	cái	才	(Adv.)	only		10
29.	cānguān	参观	(V.)	to visit, look around	參觀	3
30.	cānjiā	参加	(V.)	to attend, take part in	參加	8
31.	cāntīng	餐厅	(N.)	dining hall / room	餐廳	2
32.	cǎodì	草地	(N.)	lawn		12
33.	cèsuǒ	厕所	(N.)	washroom, toilet	廁所	2
34.	céng	层	(M.W.)	storey	層	6
35.	chàbúduō	差不多	(Adj.)	about the same		5
36.	chàdiǎnr	差点儿	(Adv.)	nearly	差點兒	12
37.	chāi	拆	(V.)	to remove		9
38.	chángcháng	常常	(Adv.)	often		5
39.	chǎng	场	(M.W.)	(measure word for events like movies, operas, sports matches, or rain)	場	10
40.	chàng	唱	(V.)	to sing		4

41.	chàng gē	唱歌	(V.O.)	to sing		4
42.	chǎo	吵	(Adj.)	noisy		6
43.	chēkù	车库	(N.)	garage	車庫	6
44.	chēshuǐ-mǎlóng	车水马龙		heavy traffic	車水馬龍	6
45.	chéngkè	乘客	(N.)	passenger		11
46.	chéngshí	诚实	(Adj.)	honest	誠實	11
47.	chéngshì	城市	(N.)	city		1
48.	chūfā	出发	(V.)	to set off	出發	10
49.	chūzū	出租	(V.)	to rent out		9
50.	chūzūchē	出租车	(N.)	taxi	出租車	10
51.	chúfáng	厨房	(N.)	kitchen		9
52.	chuánzhēn	传真	(N.)	fax	傳真	8
53.	chuáng	床	(N.)	bed	张	2
54.	chūntiān	春天	(T.W.)	spring		5
55.	cì	次	(M.W.)	(measure word for frequency); number of times		3
56.	cuò	错	(Adj.)	wrong	錯	2
57.	dàjiā	大家	(Pron.)	everybody		2
58.	dài	带	(V.)	to take, bring, carry		9
59.	dàngāo	蛋糕	(N.)	cake		4
60.	dànshì	但是	(Conj.)	but		1
61.	dǎo	倒	(V.)	to fall down		8
62.	dǎoméi	倒霉	(Adj.)	bad luck		12
63.	de	地	(Part.)			10

64.	de	得	(Parti.)			4
65.	...dehua	...的话		if	…的話	1
66.	děi	得	(Op.V.)	to have to, must		1
67.	dēng	登	(V.)	to climb (a mountain, a high top)		1
68.	dēng	灯	(N.)	lamp	燈	12
69.	dī	低	(Adj.)	low		5
70.	dì	第		prefix for ordinal numbers		3
71.	dìxiàshì	地下室	(N.)	basement		6
72.	dìzhǐ	地址	(N.)	address		11
73.	diànbīngxiāng	电冰箱	(N.)	refrigerator 台	電冰箱	9
74.	diànnǎo	电脑	(N.)	computer	電腦	12
75.	diànqì	电器	(N.)	electrical equipment	電器	9
76.	diànshìjī	电视机	(N.)	T.V. set 台	電視機	9
77.	diàntī	电梯	(N.)	elevator	電梯	9
78.	diànyǐng	电影	(N.)	movie 场	電影	10
79.	diào	掉	(V.)	to fall, drop		12
80.	diū	丢	(V.)	to lose		11
81.	dōngběi	东北	(L.W.)	northeast	東北	6
82.	dōngbian (dōngmiàn)	东边（东面）	(L.W.)	east side	東邊	6
83.	dōngbù	东部	(P.W.)	east	東部	6
84.	dōngtiān	冬天	(T.W.)	winter		5
85.	dǒng	懂	(V.)	to understand		10
86.	dòng	动	(V.)	to move	動	10
87.	dòngwù	动物	(N.)	animal	動物	1

109. fángzi	房子	(N.)	house		9
110. fàng	放	(V.)	to put, place		11
111. fàng xīn	放心	(V.O.)	don't worry		10
112. fēi	非		not		1
113. fēijī	飞机	(N.)	plane	飛機	1
114. fēnzhōng	分钟	(M.W.)	minute	分鐘	7
115. fēng	风	(N.)	wind	風	5
116. fēngyè	枫叶	(N.)	maple leaf	楓葉	5
117. fù	付	(V.)	to pay		9
118. fùmǔqin	父母亲		parents	父母親	3
119. fùqin	父亲	(N.)	father	父親	3
120. gān bēi	干杯	(V.O.)	to drink a toast, "cheers!"	乾杯	4
121. gānjìng	干净	(Adj.)	clean		2
122. gǎn	赶	(V.)	to rush for	趕	10
123. gǎnkuài	赶快	(Adv.)	quickly, at once	趕快	11
124. gǎnxiè	感谢	(V.)	to thank	感謝	11
125. gāngcái	刚才	(TW)	just now	剛才	11
126. gǎo	搞	(V.)	to do		11
127. gē	歌	(N.)	song		4
128. gè zhǒng	各种		all kinds of		12
129. gèng	更	(Adv.)	more		5
130. gōngyù	公寓	(N.)	apartment		9
131. gǒu	狗	(N.)	dog　　　条 只		1
132. gòu	够	(V.)	enough		12

133. guā	刮	(V.)	to blow			5
134. guā fēng	刮风	(V.O.)	wind (is) blowing, (to be) windy	颱風		5
135. guàhàoxìn	挂号信		registered letter	挂號信	12
136. guīdìng	规定	(N.&V.)	rules; to regulate, stipulate	規定	3
137. guójiā	国家	(N.)	country	國家	4
138. guo	过	(Part.)		過	1
139. guò qī	过期	(V.O.)	overdue	過期	3
140. hái	还	(Adv.)	still, yet	還	2
141. hǎi	海	(N.)	sea		6
142. hǎi biān	海边	(P.W.)	seaside	海邊	6
143. hángbān	航班	(N.)	flight number		8
144. hǎohàn	好汉	(N.)	brave man, true man	好漢	1
145. hǎokàn	好看	(Adj.)	beautiful, good-looking		4
146. hǎotīng	好听	(Adj.)	pleasant to hear	好聽	4
147. hǎoxiàng	好像	(Adv.)	as if, it seems...		12
148. hé	河	(N.)	river 条		6
149. hétong	合同	(N.)	contract		9
150. hónglǜdēng	红绿灯		traffic lights	紅綠燈	12
151. húlihútu	糊里糊涂	(Adj.)	muddled		7
152. hùxiāng	互相	(Adv.)	each other		7
153. hùzhào	护照	(N.)	passport	護照	11
154. huār	花儿	(N.)	flower	花兒	1
155. huá	滑	(V.& Adj.)	to slip; slippery		5
156. huá xuě	滑雪	(V.O.)	to ski		5

157. huà	话	(N.)	speech	話	10
158. huài	坏	(Adj.)	bad, broken,	壞	8
159. huānyíng	欢迎	(V.)	to welcome	歡迎	1
160. huán	还	(V.)	to return	還	3
161. huánjìng	环境	(N.)	environment, surroundings	環境	6
162. huídá	回答	(V.)	to answer, reply		4
163. huódòng	活动	(N.&V.)	activity; to exercise	活動	4
164. huǒchē	火车	(N.)	train	火車	3
165. jīpiào	机票	(N.)	plane ticket	(飛)機票	1
166. jí le	…极了		very, extremely	極了	5
167. jì	寄	(V.)	to mail out		12
168. jìde	记得	(V.)	to remember	記得	11
169. jìjié	季节	(N.)	season	季節	5
170. jì-zhù	记住		to memorise	記住	11
171. jiāxiāng	家乡	(N.)	hometown	家鄉	5
172. jiǎnchá	检查	(V.)	to check	檢查	8
173. jiàn	见	(V.)	to see, meet	見	4
174. jiànyì	建议	(V.&N.)	to suggest; suggestion	建議	10
175. jiāo	教	(V.)	to teach		10
176. jiāo	交	(V.)	to hand in, give		11
177. jiāotōng	交通	(N.)	transportation, traffic		6
178. jiéguǒ	结果	(N.)	result	結果	8
179. jiè	借	(V.)	to borrow, to lend		3
180. jièshào	介绍	(V.&N.)	to introduce; introduction	介紹	7

181.	jīnróng	金融	(N.)	finance		8
182.	jīngjì	经济	(N.)	economy	經濟	3
183.	jīngjù	京剧	(N.)	Beijing Opera　场	京劇	10
184.	jīnglǐ	经理	(N.)	manager	經理	8
185.	jǐngchá	警察	(N.)	police, policeman		8
186.	jiǔ	酒	(N.)	wine, liquor		4
187.	jiù	旧	(Adj.)	old		9
188.	jù	句	(M.W.)	(measure word for sentences)		7
189.	juéde	觉得	(V.)	to feel, think	覺得	11
190.	jùzi	句子	(N.)	sentence		7
191.	kāi	开	(V.)	to drive, to open	開	6
192.	kāishǐ	开始	(V.)	to begin		7
193.	kǎn	砍	(V.)	to cut, chop		12
194.	kǎo shì	考试	(V.O. & N.)	(to) test	考試	7
195.	kěnéng	可能	(Adv.&Adj.)	maybe; possible		2
196.	kěxī	可惜	(Adj.)	pitiful, it's a pity		12
197.	kěndìng	肯定	(Adj.)	sure, surely, definitely, certainly		2
198.	kèzhōng	刻钟	(M.W.)	quarter of an hour	刻鍾	7
199.	kōngqì	空气	(N.)	air	空氣	6
200.	kōngtiáo	空调	(N.)	air conditioner, air-conditioning 台	空调	9
201.	kǒngpà	恐怕	(Adv.)	I'm afraid that..., maybe, probably		3
202.	kǒudài	口袋	(N.)	pocket		11
203.	kǒuyǔ	口语	(N.)	spoken language	口語	7
204.	kuài	快	(Adj.)	fast, quick(ly)		3

205.	kuàilè	快乐	(Adj.)	merry, happy		快樂	4
206.	kuǎn	款	(N.)	a sum of money			3
207.	lājī	垃圾	(N.)	garbage			11
208.	lājīxiāng	垃圾箱		garbage can			11
209.	lǎn	懒	(Adj.)	lazy		懶	10
210.	lǎojiā	老家	(N.)	hometown			6
211.	lǎorénjiā	老人家	(N.)	Sir/ Madam (for elderly people)			1
212.	le	了	(Part.)				1
213.	lèi	累	(Adj.)	tired			9
214.	lěng	冷	(Adj.)	cold			5
215.	lǐwù	礼物	(N.)	to gift	件	禮物	4
216.	lìhài	厉害	(Adj.)	severe, fierce		屬害	3
217.	lìshǐ	历史	(N.)	history		歷史	3
218.	lián...dōu/yě...	连…都/也…		even		連…都/也…	10
219.	liànxí	练习	(V. & N.)	to practice; exercise		練習	7
220.	liángkuài	凉快	(Adj.)	cool			5
221.	lǐngdǎo	领导	(N. & V.)	leader; to lead		領導	8
222.	liúlì	流利	(Adj.)	fluent			4
223.	lóu	楼	(N.)	building, floor		樓	6
224.	lóu	楼	(M.W.)	storey, floor		樓	9
225.	máfan	麻烦	(Adj. & V. & N.)				
				troublesome; (to) trouble		麻煩	1
226.	mǎshàng	马上	(Adv.)	at once, soon		馬上	8
227.	mà	骂	(V.)	to scold		罵	11

228.	màn	慢	(Adj.)	slow					7
229.	māo	猫	(N.)	cat	只				1
230.	màoyì	贸易	(N.)	trade				貿易	8
231.	méi(yǒu)	没(有)	(Adv.)	not					2
232.	méiyòng	没用	(Adj.)	useless					11
233.	měilì	美丽	(Adj.)	beautiful				美麗	5
234.	Měiyuán	美元	(N.)	US dollar					11
235.	miànbāo	面包	(N.)	bread	个	块	片	麵包	2
236.	míngbái	明白	(V. & Adj.)	to understand; clear					4
237.	mǔqin	母亲	(N.)	mother				母親	3
238.	mǔyǔ	母语	(N.)	mother tongue				母語	7
239.	ná	拿	(V.)	to hold, take, bring					3
240.	nǎxiē	哪些		which ones					1
241.	nàme	那么	(Adv.)	like that, that way				那麼	3
242.	nàxiē	那些		those					1
243.	nán	难	(Adj.)	difficult					7
244.	nánbian (nánmiàn)	南边(南面)	(L.W.)	south side				南邊	6
245.	nánfāng	南方	(L.W.)	south					6
246.	nián	年	(M.W.)	year					7
247.	niánjí	年级	(N.)	grade				年級	7
248.	niánqīng	年轻	(Adj.)	young				年輕	4
249.	niǎor	鸟儿	(N.)	bird	只			鳥兒	1
250.	niúnǎi	牛奶	(N.)	milk	杯				2
251.	nóngcūn	农村	(N.)	countryside				農村	6

252. nǔlì	努力	(Adj.)	diligent		7
253. nuǎnhuo	暖和	(Adj.)	warm		5
254. nuǎnqì	暖气	(N.)	(central) heating	暖氣	5
255. pá	爬	(V.)	to climb, crawl		10
256. pāi zhào	拍照	(V.O.)	take photos		1
257. pǎo	跑	(V.)	to run		10
258. pǎo bù	跑步		to run, jog		10
259. péi	陪	(V.)	to accompany		1
260. piàn	片	(M.W.)	(measure word for something flat and thin); slice, piece		2
261. piào	票	(N.)	ticket 张		1
262. píngshí	平时	(T.W.)	(in) normal times, (at) ordinary times, ordinarily	平時	10
263. pò	破	(Adj.)	broken		8
264. Pǔtōnghuà	普通话		Mandarin	普通話	7
265. qítā	其他	(Pron.)	other		11
266. qǐ	起	(V.)	up		2
267. qǐ chuáng	起床	(V.O.)	to get up		2
268. qiánbāo	钱包	(N.)	wallet, purse	錢包	11
269. qīng	清	(Adj.)	clear		12
270. qīngchu	清楚	(Adj.)	clear		7
271. qíngtiān	晴天	(N.)	sunny day		5
272. qǐng kè	请客	(V.O.)	to streat, to entertain guests	請客	2
273. qiūtiān	秋天	(T.W.)	autumn, fall		5

274. qǔ	取	(V.)	to take, withdraw		12
275. qùnián	去年	(T.W.)	last year		4
276. rè	热	(Adj.)	hot	熱	5
277. rènao	热闹	(Adj.)	bustling with noise and excitement, lively	熱鬧	6
278. rēng	扔	(V.)	to throw		11
279. róngyì	容易	(Adj.)	easy		7
280. rúguǒ	如果	(Conj.)	if		9
281. sàn bù	散步	(V.O.)	to take a walk		6
282. shāndǐng	山顶	(N.)	mountaintop	山頂	10
283. shāng	伤	(V. & N.)	to hurt; injury, wound	傷	8
284. shàng bān	上班	(V.O.)	to go to work		8
285. shēntǐ	身体	(N.)	body, health	身體	8
286. shēng	生	(Adj.)	raw, uncooked		2
287. shēng qì	生气	(V.O. & Adj.)	be angry; annoyed	生氣	9
288. shēng yúpiàn	生鱼片		slices of raw fish, *sashimi*	生魚片	2
289. shēngri	生日	(N.)	birthday		4
290. shēngyi	生意	(N.)	business		3
291. shīfu	师傅	(N.)	technician, master worker	師傅	9
292. shíjiān	时间	(N.)	time	時間	1
293. shípǐn	食品	(N.)	food		7
294. shìchǎng	市场	(N.)	market	市場	8
295. shìgù	事故	(N.)	accident		8
296. shǒu	手	(N.)	hand		8

297.	shūfu	舒服	(Adj.)	comfortable		2
298.	shúxī	熟悉	(V.)	to be familiar with ...		1
299.	shǔ	属	(V.)	to be born in the year of (one of the twelve zodiacal animals)	屬	4
300.	shù	树	(N.)	tree	樹	6
301.	shuāi	摔	(V.)	to fall		8
302.	shuǐ	水	(N.)	water		10
303.	shuì jiào	睡觉	(V.O.)	to sleep, go to bed	睡覺	2
304.	shùn	顺	(Adj.)	smooth	順	12
305.	shuō-wán	说完		to (be) finish(ed) saying	说完	2
306.	sījī	司机	(N.)	driver	司機	11
307.	sǐ	死	(V.)	die; dead		6
308.	sòng	送	(V.)	to give (something as a gift)		4
309.	sòng	送	(V.)	to send		9
310.	sùshè	宿舍	(N.)	dormitory		2
311.	suàn le	算了		let it go, forget it		3
312.	suíbiàn	随便	(Adj.)	freely, carelessly, casually		12
313.	suǒyǐ	所以	(Conj.)	so, therefore		1
314.	tā	它	(Pron.)	it		11
315.	tái	台	(M.W.)	(measure word for appliances and machines)		9
316.	tàijíquán	太极拳	(N.)	Taiji Boxing	太極拳	10
317.	tán huà	谈话	(V.O.)	to talk	談話	7
318.	tào	套	(M.W.)	a set of		9

319. tèbié	特别	(Adv. & Adj.)	especially; special			4
320. téng	疼	(Adj.)	to ache			2
321. tiān/rì	天/日	(M.W.)	day			2
322. tiānqì	天气	(N.)	weather		天氣	5
323. tiào	跳	(V.)	to jump			4
324. tiào wǔ	跳舞	(V. O.)	to dance			4
325. tīng	听	(V.)	to listen		聽	5
326. tīnglì	听力	(N.)	listening ability		聽力	7
327. tīngshuō	听说	(V.)	it is said, to hear tell of something		聽说	1
328. tīngxiě	听写	(V. & N.)	to dictate; dictation		聽寫	7
329. tǐng	挺	(Adv.)	very			10
330. tōng	通	(V.)	to get through, pass			8
331. tōu	偷	(V.)	to steal			12
332. tòu	透	(Adj.)	fully, thoroughly			12
333. túshūguǎn	图书馆	(N.)	library		圖書館	3
334. tuīchí	推迟	(V.)	to postpone		推遲	8
335. wàiguó	外国	(N.)	foreign country		外國	7
336. wàimào	外贸	(N.)	foreign trade		外貿	8
337. wàishì	外事	(N.)	foreign affairs			4
338. wán	完	(V.)	finish(ed)			2
339. wǎn	晚	(Adj.)	late			4
340. wǎnfàn	晚饭	(N.)	supper		晚飯	6
341. wàng	忘	(V.)	to forget			7

342.	wèidao	味道	(N.)	taste		12
343.	wèishēngjiān	卫生间	(N.)	toilet, bathroom		9
344.	wēndù	温度	(N.)	temperature		5
345.	wénhuà	文化	(N.)	culture		3
346.	wèntí	问题	(N.)	question, problem	問題	4
347.	wūrǎn	污染	(N.&V.)	pollution, to pollute		12
348.	wǔ	舞	(N.)	dance		4
349.	wǔdǎ	武打	(N.)	acrobatic fighting		10
350.	wǔdǎ xì	武打戏		acrobatic fighting drama	武打戲	10
351.	wǔfàn	午饭	(N.)	lunch	午飯	12
352.	xībian(xīmiàn)	西边(西面)	(L.W.)	west side	西邊	6
353.	xībù	西部	(P.W.)	west		6
354.	xǐyījī	洗衣机	(N.)	washing machine 台	洗衣機	9
355.	xì	戏	(N.)	drama	戲	10
356.	xià kè	下课	(V.O.)	to finish class, get out of class 下課		3
357.	xià yǔ	下雨	(V.O.)	to rain		5
358.	xiàtiān	夏天	(T.W.)	summer		5
359.	xiān	先	(Adv.)	first		3
360.	xiǎochī	小吃	(N.)	snacks, refreshments		12
361.	xiǎoshí	小时	(N.)	hour	小時	6
362.	xiǎoxīn	小心	(Adj.)	careful		12
363.	xiē	些	(M.W.)			1
364.	xiě	写	(V.)	to write	寫	3
365.	xiězuò	写作	(N.&V.)	writing; to write	寫作	7

366.	xīn	新	(Adj.)	new		3
367.	xīnxiān	新鲜	(Adj.)	fresh	新鮮	2
368.	xìn	信	(N.)	letter		12
369.	xìngqù	兴趣	(N.)	interest	興趣	3
370.	xiū	修	(V.)	to repair		8
371.	xūyào	需要	(V. & N.)	to need		6
372.	xuě	雪	(N.)	snow		5
373.	yājīn	押金	(N.)	deposit		9
374.	yánzhòng	严重	(Adj.)	serious	嚴重	12
375.	yǎnjing	眼睛	(N.)	eye		10
376.	yǎnyuán	演员	(N.)	actor, actress	演員	10
377.	yǎng	养	(V.)	to raise (animals), grow (flowers), etc.	養	1
378.	yào	药	(N.)	medicine	藥	2
379.	yàoshi	要是	(Conj.)	if		1
380.	yàoshi...dehua	要是…的话		if	要是…的話	1
381.	yī...jiù...	一…就…		as soon as..., once...		9
382.	yīshēng	医生	(N.)	doctor	醫生	2
383.	yīyuàn	医院	(N.)	hospital	醫院	2
384.	yídìng	一定	(Adv.)	surely, definitely		6
385.	yíyàng	一样	(Adj.)	the same	一樣	5
386.	yǐjīng	已经	(Adv.)	already	已經	2
387.	yìxiē	一些		some		1
388.	yīnggāi	应该	(Op.V.)	should, ought to	應該	3

389. yōuměi	优美	(Adj.)	graceful, fine		優美	4
390. yóu	游	(V.)	to swim			5
391. yóu yǒng	游泳	(V.O.)	to swim			5
392. yǒude	有的	(Pron.)	some			1

393. yǒude shíhou (youshihou/youshi) 有的时候(有时候/有时)

sometimes 有的時候(有時候/有時) 5

394. yǒumíng	有名	(Adj.)	famous			10
395. yòu	又	(Adv.)	again			12
396. yúpiàn	鱼片	(N.)	slices of fish		魚片	2
397. yǔ	雨	(N.)	rain			5
398. yǔsǎn	雨伞	(N.)	umbrella		雨傘	8
399. yǔyī	雨衣	(N.)	raincoat			8
400. yù	玉	(N.)	jade	块		4
401. yùbào	预报	(V.)	to forecast		預報	5
402. yuànzi	院子	(N.)	yard			6
403. yuè...yuè...	越……越……		the more...the more...			4
404. yuèdú	阅读	(N.&V.)	reading; to read		閱讀	7
405. yuèláiyuè...	越来越……		more and more			4
406. yùndòng	运动	(N.)	physical exercise		運動	10
407. yùnqi	运气	(N.)	luck		運氣	12
408. zázhì	杂志	(N.)	magazine	本	雜誌	10
409. zāi	栽	(V.)	to plant			12
410. zài	在	(Adv.)				2
411. zánmen	咱们	(Pron.)	we		咱們	4

412.	zāogāo	糟糕	(Adj.)	too bad, how terrible		11
413.	zǎo	早	(Adj.)	early		4
414.	zǎofàn	早饭	(N.)	breakfast	早飯	2
415.	zěnme huí shì	怎么回事		what's the matter	怎麼回事	8
416.	zháojí	着急	(Adj.)	worry, to be anxious		2
417.	zhàopiàn	照片	(N.)	photo	张	1
418.	zhe	着	(Part.)			8
419.	zhème	这么	(Adv.)	like this, this way	這麼	3
420.	zhèxiē	这些		these	這些	1
421.	zhèyàng	这样	(Pron.)	like this, in this way, thus		8
422.	zhèngfǔ	政府	(N.)	government		12
423.	zhèngjiàn	证件	(N.)	document	證件	11
424.	zhèngzài	正在	(Adv.)			2
425.	zhī	只	(M.W.)	(a measure word for birds, cats, little dogs, etc.)	隻	1
426.	zhǐ	纸	(N.)	paper	紙	11
427.	zhǐhǎo	只好	(Adv.)	to have to, be forced to		9
428.	Zhōngguó tōng	中国通		an expert on China	中國通	3
429.	zhǒng	种	(M.W.)	sort, kind	種	7
430.	zhǔxí	主席	(N.)	chairman		4
431.	zhù	祝	(V.)	to wish (expressing good wishes)		4
432.	zhù	住	(V.)	to live		2
433.	zhuānyè	专业	(N.)	major, specialty	專業	7
434.	zhùyì	注意	(V.)	to pay attention to		10

435. zhuǎn	转	(V.)	to transfer	转	11
436. zhuāng	装	(V.)	to install		9
437. zhuàng	撞	(V.)	to bump against, collide		8
438. zì	字	(N.)	character		4
439. zìjǐ	自己	(Pron.)	oneself		1
440. zìwǒ	自我	(Pron.)	oneself		7
441. zǒngtái	总台	(N.)	front desk, operator		11
442. zǒngtǒng	总统	(N.)	president	總統	4
443. zū	租	(V.)	to rent		9
444. zuìhǎo	最好	(Adv.)	had better, it would be better		10
445. zuìhòu	最后	(Adj.)	final; finally, at last	最後	7
446. zuótiān	昨天	(T.W.)	yesterday		2
447. zuǒyòu	左右	(Part.)	about, around, ...or so		5
448. zuòwèi	座位	(N.)	seat		10

Acknowledgements

This series of textbooks is the result of a project administered by NOTCFL of the People's Republic of China. While doing research in Canada, the compilers received invaluable encouragement and assistance from Madame Xu Lin, the Education Consul of the Chinese Consulate General in Vancouver.

We would like to express our thanks to all the specialists, scholars and friends who have supported or helped us in our work.

Our thanks go out to Dr. Robert S. Chen, University of British Columbia; Dr. Richard King, University of Victoria; Dr. Helen Xiaoyan Wu, University of Toronto; Dr. Kenneth Dean, McGill University; Dr.Yu Hongju, University of Montreal; and Prof. Charles Burton, Brock University. These Canadian scholars provided warm hospitality and offered much help during our research trip.

Thanks are also due to Mr. Bill Renzhong Wang, McGill University; Dr. Daniel Bryant, Dr. Harry Hsin-I Hsiao, Ms. Karen P. Tang, and Dr. Hua Lin, all of the University of Victoria; Ms.Billie L. C. Ng, Simon Fraser University; Mr. Ralph Lake, Douglas College; Ms.Ying Tian, Langara College; and Dr. Yanfeng Qu, Kwantlen University. They gave much time and energy to reading the first draft and/or the revised draft and provided us with many valuable insights and suggestions for improvement.

Special thanks also go to Ms. Ying Sun of Camosun College, who during her visit to Fudan University read the drafts of volumes One and Two and gave valuable suggestions.

We would like to express our special gratitude to Ms.Yvonne Li Walls and Dr. Jan W. Walls of Simon Fraser University, who offered our compilers much hospitality and help in Canada. They aided in the organization of our pedagogical research and practice-teaching sessions, as well as in the collection of advice and suggestions from those who used the materials. They also gave us many constructive suggestions regarding the plan for compiling the textbooks, and for the first draft of the whole series, as well as the revised drafts of volumes 1 and 2.

Prof. Zhao Shuhua, Beijing Language University; Prof. Chen Abao, Fudan University; Prof. Li Xiaoqi, Beijing University; Prof. Li Quan, People's University of China; and Prof. Wu Yongyi, East China Normal University, all carefully examined the revised draft of the entire series, and responded with many valuable suggestions.

Without the help and advice of these learned experts, this series of textbooks would never have been brought to successful completion.

We have referred to many earlier standard Chinese textbooks and to the research of many scholars, which unfortunately cannot be fully acknowledged here. We apologize ahead of time if any names have been left out.

If any mistakes or omissions remain in these textbooks, the compilers alone are responsible. We hope that teachers and students will inform us of any shortcomings they may notice, to help us improve future editions.